Bundeskanzlerin Angela Merkel im für die Öffentlichkeit nicht zugänglichen Garten des neuen Bundeskanzleramtes, das von dem Architekten Axel Schultes entworfen wurde. Merkel residiert in der neuen Regierungszentrale schon länger als ihr Vorgänger. Bundeskanzler Gerhard Schröder (SPD) musste 2005, nach vier Jahren, ausziehen.

Laurence Chaperon
Photographie
www.chaperon.de

Die ältere Schwester: Angela Merkel (Jahrgang 1954) hat zwei jüngere Geschwister. Bruder Marcus ist Jahrgang 1957 und Schwester Irene Jahrgang 1964.

Sekt mit der Familie:
Es ist der seltene Anblick von privater Vertrautheit, als Angela Merkel mit ihren Eltern, dem inzwischen verstorbenen Horst Kasner und Herlind Kasner, nach ihrer Wahl zur Bundeskanzlerin im Reichstag mit einem Glas Sekt anstößt.

Feierlaune: Nach fünf Jahren Mauerfall, am 9. November 1994, traf sich Angela Merkel mit Freunden und Weggefährten in ihrer alten Lieblingskneipe „Zur Alten Gaslaterne“ im Prenzlauer Berg, die es schon zu DDR-Zeiten gab. Im Bild: Ihr damaliger Lebensgefährte, der Chemie-Professor Joachim Sauer, den sie 1998 geheiratet hat. Er mit Bier, sie bevorzugte den Rotwein.

Forschung und Wissenschaft liegen der promovierten Physikerin besonders am Herzen. Deswegen besucht Angela Merkel auch als Kanzlerin gerne mal ein Labor und schaut mit Kindern in ein Reagenzglas. Bis der Nachwuchs ihre Doktorarbeit lesen kann, wird es aber noch dauern. Der Titel ihrer Dissertation aus dem Jahr 1986 lautet: „Untersuchung des Mechanismus von Zerfallsreaktionen mit einfachem Bindungsbruch und Berechnung ihrer Geschwindigkeitskonstanten auf der Grundlage quantenchemischer und statistischer Methoden“.

Im Rücken: Oft hat Angela Merkel den ersten Bundeskanzler (gemalt von Oskar Kokoschka) gar nicht im Rücken. Denn sie sitzt meist gegenüber an dem großen Besprechungstisch mit ihren Mitarbeitern – dann schaut sie dem großen Konrad Adenauer in die Augen.

Ohne Worte: Es heißt, sie verstehen sich blind und ohne zu sprechen.
Beate Baumann, die Büroleiterin der Kanzlerin, ist zugleich die engste Vertraute von Angela Merkel. Baumann stammt aus Osnabrück, auf Empfehlung von Christian Wulff kam sie zu Merkel und begleitet sie seit fast 20 Jahren. Auf dem Bild sprechen sie während einer Auslandsreise in den Nahen Osten.

Gipfeltreffen: Im September 2011 trifft Angela Merkel Papst Benedikt XVI. kurz vor seiner Rede im Bundestag bereits zum dritten Mal. Zuvor waren sich Kanzlerin und Papst 2006 beim Besuch des Papstes in Bayern und 2005 am Rande des Weltjugendtages in Köln begegnet.

Erhobener Zeigefinger: Der auch durch seine zahlreichen Veröffentlichungen bekannte Benediktiner-Abt Odilo Lechner führt die CDU-Politikerin Angela Merkel im Sommer 2002 durch das Kloster Andechs im Bistum Augsburg in Bayern. Lechner war von 1964 bis 2003 Abt der Abtei St. Bonifaz in München, zu der Andechs gehört.

Natur: Zuhause ist Angela Merkel in der Natur. Besonders liebt sie die Berge zum Wandern und das Wasser, wie hier beim Urlaub am Meer.

Angela Merkel:
So wahr mir Gott helfe

VERTRAUEN

VERANTWORTUNG

ZUVERSICHT

EIN PORTRÄT VON VOLKER RESING

benno

Inhalt

Die Kanzlerin und das Kreuz

Kein Kreuz an der Wand, aber im Regal steht ein rostbraunes schweres Metallkreuz. Das Büro von Angela Merkel liegt in der siebten Etage des betonweißen Bundeskanzleramtes. Außer dem Adenauerporträt von Oskar Kokoschka über dem großen, schnörkellosen, dunklen Schreibtisch und der stehlampengroßen Deutschlandfahne daneben gibt es kein auffälliges Dekor. In einer Ecke stehen noch kindsgroße Schachfiguren, die ihr der Waldbauernverband geschenkt hat. Das Kreuz scheint fast beiläufig Platz gefunden zu haben, nicht festgeschraubt, eben zwischen die Bücher gerückt. Es ist angelehnt an eine Prachtausgabe des Grundgesetzes. Nebenan steht Bertolt Brecht mit seiner Gesamtausgabe, der Große Brockhaus und auch Hegels in Leinen gebundene Werke bilden die Nachbarschaft für die massive Kreuzplastik im Bücherschrank der Regierungschefin.

Angela Merkel und das Kreuz – das ist ein Thema, das wie kaum ein zweites die Debatte um die Person und Amtsführung der Bundeskanzlerin und Parteivorsitzenden durchzieht. Ihr christliches Fundament sei nicht stabil, zu wenig verankert erscheint es einigen. Die CDU verliere ihr christliches Profil, so lautete immer wieder vor und nach der Bundestagswahl der Vorwurf aus unterschiedlichen Ecken der politischen Landschaft. Merkels Konturlosigkeit sei Kern der vermeintlichen Politikkrise im Frühsommer 2010 nach den Rücktritten von Roland Koch und Horst Köhler. Durch die Wahlniederlage von Ministerpräsident Jürgen Rüttgers und dessen Rückzug aus der Politik im Juni 2010 und dem Wechsel von Christian Wulff ins überparteiliche Präsidentenamt verliert Merkel zudem drei ihrer vier Stellvertreter im Parteivorsitz. Der Weggang von Ole von Beust in Hamburg macht den Generationenwechsel komplett. Sechs Ministerpräsidenten in gut zehn Monaten hat die Union ausgewechselt. Hinzu kam die Abwahl von Stefan Mappus (CDU) in Baden-Württemberg im März 2011. Eine Neuaufstellung der Partei steht an. Merkels Losung dazu ist legendär. In der Talkshow von Anne Will sagte sie: „Ich bin mal liberal, mal christlich-sozial, mal konservativ." Ist das zu wenig, wenn Führung gefragt ist? Oder wird sie missverstanden? Das Kreuzfeuer der Kritik reißt nicht ab.

Besonders wird beklagt, die spezifisch katholische Prägung oder die katholisch-konservative Grundierung der Partei und auch der Regierungsarbeit sei nicht mehr genügend spür- und wahrnehmbar. Schuld daran sei vor allem Angela Merkel, die ostdeutsche Physikerin oder säkularisierte Pfarrerstochter. Sie sei hauptverantwortlich für die Modernisierung, Liberalisierung, Sozialdemokratisierung, kurz: die Abschaffung der CDU als einer im Kern christlichen Volkspartei. Der Freiburger Theologe Eberhard Schockenhoff fasst die Kritik zusammen: „Das Programm einer strategischen Modernisierung der Union, dem sich die gegenwärtige Parteiführung verschrieben hat, setzt auf eine Zurückdrängung des christlichen Einflusses, die das „C" als Markenzeichen einer wertorientierten, dem christlichen Menschenbild verpflichteten Politik verblassen lässt." Meist liegen die Vorwürfe auf anderen Ebenen als die Entkräftungsversuche, was die politische Debatte am Laufen hält. Mal geht es um inhaltliche Punkte, um die Familienpolitik, um den Lebensschutz, dann verweist die CDU-Parteizentrale auf Debattenkultur und innerparteiliche Pluralität. Mal geht es ums Gefühlte, die fehlende Nestwärme wird in den katholischen Stammlanden der Union beklagt. Die als „Mutti" im Berliner Politsprech bespöttelte Merkel lasse gerade das Mütterliche innerparteilich vermissen. Sie könne keine engen Beziehungen aufbauen, so der immer wieder zu vernehmende Vorwurf aus den Reihen altgedienter Parteigrößen. Kohl sei da eben anders gewesen, der kannte jeden Kreisvorsitzenden persönlich, zumindest aber hatte er stets die jeweilige Telefonnummer zur Hand, falls nötig auch am Wochenende. Merkel kuschelt die Seele der Partei nicht, so wird das Unbehagen umrissen. Der Verweis auf ihren persönlichen Glauben, auf ihre christliche Sozialisation und auch auf ihre im Kern persönlich sehr konservative Weltsicht helfen da nicht weiter. Man redet beherzt aneinander vorbei, wie das so ist in Beziehungskrisen, die in diesem Fall zwischen der Vorsitzenden und Teilen der Parteihierarchie und der Basis so schnell offenbar nicht zu lösen sind. Neulich schimpfte man von der Landesebene hinter vorgehaltener Hand: „In Merkels Kanzleramt gibt es nur To-Do-Listen, aber keine Ziele und keine Ideen."

Doch wer sind die Kritiker und wer ist diese Basis? Und wer ist diese Angela Merkel eigentlich? Wie groß ist noch das vielbeschworene katholische Klientel in der Union? „Das Kreuz mit den Katholiken", so beschreiben die Zeitungen das Problem der Parteivorsitzenden. Doch was ist dran an dieser Krise? Welche Klischees, die Angela Merkel angeheftet werden, haben eine Berechtigung?

Die Kanzlerin muss mit immer wieder neuen Charakterisierungen leben, doch ihrer Persönlichkeit kommt man nur schwer nahe. Das vorliegende Porträt will sich Angela Merkel von einer ungewohnten Seite nähern. Eine christliche Kanzlerin? Ist das zu dick aufgetragen? Die Protestantin, die auf Gott vertraut, seine Hilfe anruft in der Krise? Ist das nur das positive Wunschbild, ein Zerrbild aus der PR-Trickkiste?

Glaubwürdigkeit und Authentizität scheinen in der Mediendemokratie die wertvollsten Eigenschaften von Politikern zu sein, noch vor Sachkompetenz und Führungsfähigkeit. Doch diese Glaubwürdigkeit scheint oft zerbrechlich gerade in ganz persönlichen Dingen. Zeigt ein Politiker sich besonders fromm, wird ihm dies als Show angelastet. Ist er eher zurückhaltend mit dem Offenbaren persönlicher Details wie dem Glauben, so gilt er als verschlossen und dann möglicherweise religionsfern. Angela Merkel hat sich auch und gerade in dem zurückliegenden Jahr immer wieder als gläubiger Mensch vorgestellt, aber sie dosiert das, versucht sich zurückzunehmen. Als sie mit Präsident Barack Obama die Frauenkirche in Dresden besucht, verharren beide gemeinsam im Gebet. Landesbischof Jochen Bohl bittet den einen Gott um Frieden. Es ist eine besondere Situation: die deutsche Regierungschefin und der amerikanische Präsident am Altar der Frauenkirche. Doch Fotos gibt es davon nicht. Vielleicht fehlt das einigen an Merkel, die symbolischen Handlungen, die auch Bilder in den Köpfen der Menschen zurücklassen. Derartiges ist in der Kanzlerschaft bisher selten bis gar nicht vorhanden. Ein anderes kleines Zeichen von Frömmigkeit und öffentlicher Gottesrede fand sich in den Worten der Kanzlerin am Abend des 11. März 2009. Nach dem Attentat von Winnenden sagte sie in der Tagesschau die eigentlich üblichen Worte von Mitgefühl und Mitleid. Dann fügte sie den Satz an: „Wir beten für die Opfer." Es ist in unserer säkularisierten Politikersprache ungewöhnlich geworden, von einem kollektiven „Wir beten" zu sprechen, da der Gottesglaube und die Gottesansprache eben nicht mehr selbstverständliches Allgemeingut sind. Merkel spricht inzwischen häufiger öffentlich vom Glauben, nicht von einem persönlichen, aber davon, dass die Gesellschaft ihn brauche. Sie hat gemerkt, dass es eben auch eine Entchristlichung und Entkirchlichung bedeutet, wenn keiner mehr öffentlich von Gott spricht und sich zu ihm bekennt.

Wer ist Angela Merkel? Seit bald 20 Jahre kennt die deutsche

Öffentlichkeit die heutige Bundeskanzlerin, doch bei kaum einem anderen Politiker hat sich das öffentliche Bild in dieser Zeit so oft verändert und ist nach wie vor so unscharf in seinen Konturen. Von „Kohls Mädchen" zur deutschen „Eisernen Lady", graues Mäuschen, männermordende Machtmaschine oder „Taste-Kanzlerin", Frau Legt-sich-nicht-fest oder „Physikerin der Macht"? Jürgen Leinemann erwähnt Angela Merkel in einer Spiegel-Reportage vom Mai 1990 zum ersten Mal, als sie der Öffentlichkeit noch unbekannt war. Die Pressesprecherin des Demokratischen Aufbruchs trete mit „fast rührender Aufrichtigkeit" auf, heißt es da.

Auf dem Ökumenischen Kirchentag 2010 in München ist Angela Merkel ebenfalls auffallend begeistert von den Besuchern empfangen worden, doch das ändert an der politischen Wahrnehmung und Beurteilung ihrer Person wenig. Sie bleibt doch immer die Distanzierte und Unnahbare. Das führt dazu, dass immer neue Zuschreibungen ihren Stil zu typisieren versuchen. Sie sei zu zaudernd, ohne Linie und Prinzipien, würde wie Kohl alles aussitzen und erst so spät wie möglich entscheiden. Sie segelt erst los, wenn alle Untiefen ausgemessen sind und alle anderen sich schon auf einen Kurs festgelegt haben und damit berechenbar werden. In ihrem Umfeld heißt es hingegen, ihre visionäre Kraft werde verkannt. Die Kanzlerin habe sehr wohl eigene Ideen und Ziele. Sie lasse die Öffentlichkeit allerdings erst dann daran teilhaben, wenn sie, Merkel, wisse, dass die Wahrscheinlichkeit, die eigenen Vorstellungen auch durchzusetzen, sehr hoch ist. Ihre Kritiker sagen dazu: „Sie riskiert nichts."

Nach dem turbulenten Frühsommer 2010 mit der Debatte um die Köhler-Nachfolge setzt sich das Bild der einsamen Machtexekution durch. Jetzt schreibt die „Frankfurter Allgemeine Zeitung" die „Methode Merkel" sei es, einsam zu entscheiden und zwar nicht nur als Bundeskanzlerin, sondern auch als Parteivorsitzende. Das funktioniere aber nicht, denn die Partei unterliege „kooperativen Spielregeln“. Sie scheint es keinem Recht machen zu können. Mal ist sie die politische Titanin, die als mächtigste Frau der Welt Deutschland sicher durch die Finanzkrise führt, mal die Versagerin, die auf dem europäischen Parkett zu zögerlich agiere. Vielleicht ist sie vor allem eins, dem politischen Establishment auch im 20. Jahr der deutschen Einheit fremd geblieben. Sie saß nicht mit an den (Bier-) Tischen der Jungen Union in den 60er, 70er und 80er Jahren und sie meidet noch immer den kumpelhaften Umgang, der sich aus Bonner Zeiten in Teilen noch herübergerettet hat in die Berliner Republik.

Das Kreuz in ihrem Büro stammt von dem Künstler Markus Daum. Kein katholisches Kruzifix und auch keine schlichte protestantische Variante ohne Korpus. Das Kreuz, das sie tagtäglich vor Augen hat, ist die kleine Modellversion eines großen Kunstwerks, das im Fraktionssitzungssaal gegenüber im Reichstag hängt. Die Eisenguss-Plastik des Bildhauers aus Radolfzell, Schüler von Alfred Hrdlicka, ist eine ungewöhnliche Interpretation des klassischen lateinischen Kreuzes. Wie beim griechischen Kreuz setzt der Querbalken in der Mitte und nicht oberhalb der Mitte an. Der Längsbalken ist eine Art nach unten sich verjüngender Pfahl, der Querbalken erinnert an einen überdimensionaler Nagel, der sich durch die Mitte der senkrechten Achse bohrt. So nimmt der Künstler ein sehr bildliches Motiv aus den Leidensdarstellungen Christi auf. Das Kreuz hat Ausmaße von ein mal zwei Metern und zieht die Blicke in dem sonst leeren Saal auf sich. Es ist alles andere als nur dekorativ. Zur Einweihung 1999 sagte der damalige Fraktionsvorsitzende Wolfgang Schäuble, es erinnere daran, „dass wir aus eigener Vollkommenheit letztlich überhaupt nichts tun können“. Der jetzige Fraktionsvorsitzende Volker Kauder hat Merkel unlängst das Modell geschenkt. Es hat seinen Platz im

Regal bekommen. Es ist viel kleiner als das Original, nur 30 mal 15 Zentimeter. Übrigens liegt in dem Regal auch noch eine grünspanige Kupferschindel. Sie stammt vom Dach des Großen Michel, der evangelische Hauptkirche Hamburgs. Die Hansestadt an der Elbe ist Angela Merkels Geburtsstadt. Der Belag des alten Daches wurde ihr geschenkt, zur Erinnerung an ihren Lebensweg, der früh von West nach Ost führte. Ihr Vater, der Theologe Horst Kasner, fand nach seinem Studium in Hamburg eine Pfarranstellung in seiner Brandenburgischen Heimat. Dass ausgerechnet die Pfarrerstochter unter den Verdacht gerät, in der CDU das „C“ zu vergessen, charakterisiert schon die besonders schwierige Annäherung der deutschen Öffentlichkeit an ihre Kanzlerin – und umgekehrt.

Bevor es um inhaltliche Fragen geht, um Fragen der Politik und der politischen Führung, geht es darum, wie die Gesellschaft mit dem religiösen Bekenntnis umgeht. Dass sich dies in den letzen 30 Jahren grundlegend gewandelt hat scheint offenkundig: von den Selbstverständlichkeiten einer volkskirchlich geprägten Gesellschaft, in dem die kirchliche Mitgliedschaft und das religiöse Bekenntnis tradierter und auch gewohnheitsmäßiger Alltag sind, hin zu einer stärker entkirchlichten Gesellschaft, in der in Deutschland zwar immer noch 50 Millionen Christen leben, in dem aber doch die Normalität kirchlicher und religiöser Praxis viel stärker kritisch hinterfragt wird. Positiv gewendet lässt sich vielleicht sagen: Das religiöse Bekenntnis ist wieder mehr als solches erkennbar. Wer von Gott redet, muss es auch so meinen. Denn es ist nicht mehr so geläufig. Angela Merkel kommt vor 20 Jahren aus einer völlig anderen Sozialisation in diesen Umbruchsprozess der westdeutschen Gesellschaft. Sie hat religiöses Bekenntnis als absolute Außenseiterposition und auch als Diskriminierungsfaktor erlebt. Vor allem hat sie eine Politisierung des Glaubens und der Kirchlichkeit erlebt, die sie eher nicht positiv bewertet hat. Und dies bei ihr persönlich vielleicht sogar in zweifacher Hinsicht. Der Staat hat ihr den Gottglauben austreiben wollen und dies zum politischen Credo erhoben, umgekehrt hat ihr Elternhaus den Glauben auch ins Öffentliche gezogen, das war im Pfarrhaushalt kaum anders möglich. Dem charismatischen Vater, den gerade die Frage nach der „Kirche im Sozialismus", also der Umsetzung des Glaubens im gegebenen politischen Kontext, bewegt hat, entkam sie nicht. Freiheit, so scheint es, die so ersehnte Freiheit, bestand für sie nach 1989 auch gerade darin, allen Glaubensdingen endlich unpolitische Privatheit angedeihen zu lassen. Es ist ihr Akt der persönlichen Freiheit, das Bekenntnis zu verbergen. Und damit das zu tun, was die meisten Menschen tun, aber was ihr seit ihrer Einschulung und ihrem Besuch der „Christenlehre" in ihrer Kindheit und Jugend im uckermärkischen Templin, wo sie aufwuchs, nicht mehr möglich war. So ist ihr Satz in dem Interview (ab S. 143) zu verstehen, Glaube sei zunächst einmal eine private Angelegenheit. Dieser Rückzug des Glaubens ins Private, der in den westdeutschen Debatten Alarmsirenen im engagierten Christentum beiderseits der konfessionellen Demarkationslinie auslöst, war bei ihr ein antidiktatorischer Affekt, ein großer Freiheitsimpuls. Es ist diese auch antiideologische Grundierung, die sich bis heute beobachten lässt, selbst in beiläufigen Situationen.

Beim Ökumenischen Kirchentag in München nimmt Angela Merkel auf dem „Roten Sofa" Platz, einem Interviewforum der evangelischen und katholischen Kirchenpresse. Dort sollen abseits der Vorträge und Podien kurze lockere Gespräche stattfinden. Nina Hagen kam vorbei. Auch Margot Käßmann und Erzbischof Robert Zollitsch saßen dort. Es regnet in München mal wieder, als die Bundeskanzlerin Platz nimmt. Dennoch drängen sich die Besucher vor das kleine Bühnenzelt mit dem knalligen Sitzmöbel.

Angela Merkel hatte gerade zuvor in der überfüllten Halle C3 vor 6000 Zuhöreren die neue Sparpolitik der Bundesregierung angekündigt. Es werde harte Einschnitte geben, hatte sie erklärt. Die Agenturen meldeten dies eifrig nach Berlin in der Freude, vom Christentreffen auch harte politische News liefern zu können. Das irgendwie elektrisierte Publikum ließ sich hingegen nicht verdrießen. Sogar „Angie, Angie"-Rufe gab es auf dem Kirchentag. Der Zusammenhalt der Gesellschaft könne nicht von der Politik allein garantiert werden, vielmehr müsse die Grundlage immer neu erarbeitet werden. „Politik kann Werte nicht verordnen." Werte würden in der Familie und in der Erziehung vermittelt. Die Bibel sei dafür eine gute Quelle, das war Merkels Botschaft, die offenbar verstanden wurde. Das gemeinsame Beten und Singen, aber auch das Diskutieren, so wie es auf dem Kirchentag geschehe, sei Ausgangspunkt, die Wertegrundlagen immer wieder neu zu gewinnen und sich auch seiner selbst zu vergewissern. Sie spricht von der Bibel und vom Beten. Doch sie sagt es politisch. Christen müssen zu ihrem Glauben stehen, müssen von ihm reden, nur dann entsteht ein Fundament.

Auf dem „Roten Sofa" geht es noch einmal darum. Der Moderator spricht das Thema Islam an, die wachsende Zahl von Muslimen und auch die Sorgen, die damit verbunden sind. Angela Merkel antwortet, in dem sie die Perspektive wechselt. „Wer Angst vor zu viel Moscheen hat, der sollte mal häufiger selbst in die Kirche gehen", so pointiert formuliert sie den Anspruch, dass es eben nicht die Politik sei, die dem schwächelnden Christentum unter die Arme greifen könne, sondern die Menschen selbst müssten es tun.

Wie sie denn zur Ruhe komme, entspanne, Kraft tanke, sich besinne, wird sie dann gefragt, vor den neugierigen Kirchentags-Bummlern, die eifrig Videoclips von der Regierungschefin drehen. Sie liebe die Natur, sagt sie. Spaziergänge in der Uckermark seien ihr wichtig. Und inzwischen sei ja auch öffentlich bekannt geworden, dass sie gerne koche. Das sei Ablenkung und Beruhigung. Punkt. Mehr sagt sie nicht. Da ist es wieder, die Scheu, das Persönliche preis zu geben, sie zögert vor allem, über Glaubensdinge zu sprechen. Selbst auf dem Kirchentag. Es ist die in der DDR auf besondere Weise geschulte protesantische Zurückhaltung, die doch auffällt auf dem Münchener Messegelände und immer wieder an unterschiedlichen Orten.

Die Frage nach der christlichen Kanzlerin ist auch die Frage nach der Deutungsmacht, wer den Begriff „christlich" besetzt, wer ihn mit Leben füllt und wer das Recht hat, über ihn zu bestimmen. Angela Merkel hat sich in ihrer politischen Laufbahn nicht darum gerissen, das sogenannte hohe „C" anzustimmen. Inwieweit sie das christliche Terrain preisgegeben hat, darüber gehen die Meinungen in der Union auseinander. Die Antworten auf die Fragen nach ihrer Christlichkeit im politischen Sinne finden sich in ihren biografischen Wurzeln und in einigen Bausteinen ihrer politischen Arbeit. Am Ende zeigt sich, dass sie möglicherweise mehr preußische Protestantin als DDR-Frau ist, mehr Pfarrerstochter als Physikerin. Und dann ist Angela Merkel vielleicht auch mehr eine christliche Kanzlerin in postsäkularer Zeit, als es einige vermuten oder ihr nachsagen oder wahrhaben wollen. Sie hat die Menschen immer wieder überrascht und überrascht sie bis heute. Ein enger Mitarbeiter sagt heute, sie sei vor allem eins: „mit Freude unkonventionell". Die Fähigkeit, Widersprüche auszuhalten, sei ihr im besonderen Maße zu eigen. Pfarrerstochter in der DDR, dennoch war sie Mitglied in der „Freien Deutschen Jugend" (FDJ), der Nachwuchsorganisation in der SED-Diktatur. Das sicherte ihr Abitur und Studienplatz. In der Schule erregte sie Aufsehen mit einer satirischen Aufführung, die der Leitung missfiel, obwohl sie Mitschülern als angepasst und strebsam

galt. In den 1980er Jahren gehörte sie einem Gesprächskreis in der Berliner Gethsemanekirche an, doch sie war eher unpolitisch und sicher keine Oppositionelle im Honecker-System. Nach der Wende stößt sie einige Weggefährten vor den Kopf, weil sie sich der CDU anschließt. Im Prenzlauer Berg wollte in der Zeit außer ihr keiner mit Kohl etwas zu tun haben, meint ein ehemaliger Bekannter. In der bundesdeutschen Politik wird sie dann unerwartet Frauenministerin, Jugendministerin, später Umweltministerin. „Was findet Kohl bloß an ihr?“, fragte die „Bild“-Zeitung damals. Nur die doppelte Quote allein (Frau und aus dem Osten) könne doch nicht der Grund für die Förderung sein. Ausgerechnet diese „Kohlsche Erfindung“ mutiert später zu seiner Alleinerbin, die mutiger als alle anderen dem Patriarchen die Leviten liest.
Es ist eine übliche Verengung in Deutschland, Christlichkeit und Kirchlichkeit an bestimmten inhaltlichen Positionen festzumachen. So lässt sich die kirchenpolitische Grundhaltung von Angela Merkel umschreiben, auch wenn sie diese offensiv so nicht ausspricht. Sie sagte einmal gegenüber evangelischen Christen, was helfe das ganze gesellschaftspolitische Engagement, wenn der Glaube und die Glaubenspraxis dabei verloren gingen. „Ich gehöre nicht zu denen, die sicher zu glauben wissen, was ‚christliche Politik‘ ist.“[1] Die Bibel bietet kein politisches Programm, so lautet die Standardformulierung, die die Union dazu parat hat. Der Vorwurf der Kirchen, der dem entgegensteht, ist der der Beliebigkeit. „Christlich“ werde dann zu einer Schönwetterfloskel. Doch diese Beliebigkeit gilt es im gewissen Sinne nach Merkels Meinung wohl auszuhalten. „Die Berufung auf Gott ist kein Freibrief“, sagt Angela Merkel in einem Gespräch mit Blick unter anderem auf George W. Bush. „Sie kann ein Kraftquell sein, aber sie entscheidet nicht darüber, ob die eine oder andere Auffassung die richtige ist.“[2] Wer nicht an Gott glaubt, kann zu guter Politik fähig sein.

Und wer an Gott glaubt, kann trotzdem falsch liegen, sogar unmenschlich handeln.

„Sie brennt nicht für das, wofür wir in die Politik gegangen sind“, sagt einer ihrer unionsinternen Kritiker. Gemeint ist auch die politische Sozialisation vieler Unionspolitiker in katholischen Jugendverbänden, im sogenannten vorpolitischen Raum. Die „Generation Messdiener“ zog in den 1970er und 1980er Jahren für die CDU in die Parlamente und übernahm später teilweise Regierungsverantwortung, siehe Rüttgers, Koch und Wulff. Für sie ist die CDU eine Familie, Angela Merkel jemand, der nicht dazugehört, der auch nichts von einem Familiengefühl in einer Partei hält. „Stallgeruch“ vermissen einige bei „Angela“ eben. „Stallgeruch“ ist die Metapher für die emotionale Vertrautheit, die der Quereinsteigerin und Aufsteigerin fehle. Kardinal Meisner macht es an Position und Profil fest, viele in der Partei eher am Gefühlten. Eine mangelnde christliche Grundtönung hat sie ja eben deswegen nicht. Das wird oft übersehen.

Als Pfarrerstochter und mehr noch als Tochter von Pastor Horst Kasner ist sie einem evangelischen „Mistbeet“ entwachsen wie kaum ein zweiter Spitzenpolitiker. Templin war in den 1960er Jahren – trotz DDR-Repression – noch evangelisch geprägt. Ein Großteil ihrer Klassenkameraden in der Goetheschule ging, zumindest in den ersten Jahren, in die Christenlehre. Das war noch keine Minderheitenveranstaltung, wie manche Biografen suggerieren. Kein Kanzler vor ihr war wahrscheinlich theologisch derart vorgebildet wie Angela Merkel. Im Predigerseminar ihres Vaters waren protestantische Geistesgrößen aus Ost und West zu Gast. Da ging es um den „dritten Weg“, einen Sozialismus mit menschlichem Antlitz, aber auch um die katholische Befreiungstheologie Lateinamerikas und kirchenpolitische Fragen in Deutschland oder den Umgang mit der deutschen Geschichte. Die entsprechenden Gespräche am heimischen Küchentisch sind die intellektuelle Muttermilch der heutigen Kanzlerin. Gewiss, die elterliche Prägung ist nicht alles. Aber mit ihren Wurzeln im Templiner Waldhof, mit einem Vater, den nahezu jeder brandenburgische Pfarrer aus seiner Ausbildung oder von Seminaren her kannte, mit einem Bischof Albrecht Schönherr, den der Vater anrief, um den Rauswurf der Tochter aus der Schule zu verhindern, kann man nicht von mangelndem Stallgeruch sprechen. Es war nur eben ein evangelischer Stall, in der DDR noch dazu, preußisch, kulturprotestantisch – so gar nicht katholisch.

Als Lothar de Maizière sie 1990 auf Vorschlag von Hans- Christian Maaß, einem Berater aus dem Westen, zur stellvertretenden Regierungssprecherin machte, kannte er sie zwar nicht persönlich. Doch war ihm ihre Herkunft und Familie vertrauter, als es auf den ersten Blick scheint. Von 1986 bis 1990 war de Maizière Vizepräses der Synode des Bundes der Evangelischen Kirchen in der DDR. Der Vater, der immer wieder als „graue Eminenz" seiner Kirche beschrieben wird, war ihm ein Begriff. Angela Merkel war ihm kein unbeschriebenes Blatt, aus dem Nichts erschienen. „Ich wusste ja, aus welcher Kiste sie kam." Den entscheidenden Einstieg ins politische Berufsleben erhielt Angela Merkel nach der Wende also (auch) als Pastorentochter. Es war ein evangelisches Netzwerk, das ihr half. Ihrer „Glaubwürdigkeit und Zuverlässigkeit" konnte sich de Maizière sicher sein aufgrund eben des christlichen Elternhauses, stellt Biografin Jacqueline Boysen fest.

Auf die Frage, was Gott der Politikerin Merkel bedeute, antwortet sie 2004 gegenüber dem Journalisten Hugo Müller-Vogg: „Die Perspektive, dass es Gott gibt, vermittelt mir ein hohes Maß an Demut. Eine Demut, mit der ich sehr gut leben kann: sich nicht nur im Zentrum sehen, andere gelten lassen, sich bewusst sein, dass man Fehler hat und Fehler macht."

Und dann fügt sie den Satz an: „Aber zwischen Glaube und Politik besteht natürlich ein Spannungsverhältnis." Als Beispiel gibt sie im Jahr 2003 den Irakkrieg an, bei dem sie vorsichtig die Linie des amerikanischen Präsidenten verteidigt hat. „Dann weiß ich, dass Glaube nicht nur eine Privatangelegenheit ist."[3] Es schwingt mit, dass es ihr durchaus schwerfällt, das einzusehen. „Ich muss als Parteivorsitzende in einer solchen Lage schon formulieren, warum ich meine Haltung auch unter Aspekten des Glaubens für verantwortbar halte."[4] In diesem Sinne würde sie das Etikett „christliche Kanzlerin" sicher zurückweisen, denn so ein Anspruch verbietet sich gerade aus ihrem Glaubensverständnis heraus. Er wäre anmaßend.
Inwieweit ist das Religiöse privat, gehört der Glaube auch in die Öffentlichkeit oder nicht? Das ist der Kern, der sich hinter der Frage nach der christlichen Kanzlerin verbirgt. Inwieweit bestimmt das Bekenntnis das politische Handeln, und wieweit ist diese Verbindung sichtbar? Für Angela Merkel sollte, so könnte man sagen, diese Brücke möglichst wenig sichtbar sein. Andernfalls würde der Glaube verzweckt, funktionalisiert.
Dieses Verständnis ist ein Bruch mit der politischen Kultur der Bundesrepublik. Über den Glauben hinaus gab es die enge Freundschaft von Kirche und Partei seit den 50er Jahren. Das hat sich radikal gewandelt. Die Journalistin Mariam Lau spricht im Verhältnis von katholischer Kirche und Union vom Ende einer „privilegierten Partnerschaft"[5]. In den 80er Jahren mussten schon Kompromisse geschlossen werden. Die kirchlichen Positionen wollten einbezogen werden – als kirchliche Positionen. Doch das wurde schon in der Kohl-Zeit schwieriger. Der „Bundeskanzler der 16 Jahre" ist katholisch erzogen und kirchlich gebunden. Er war nicht aufgesetzt, sondern selbstverständlich religiös, die Kirchen waren ihm wichtig. Kohl pflegte noch die alte Partnerschaft. Er setzt sich für Karl

Lehmann, seinen Duzfreund, ein, dass der Mainzer Bischof die Kardinalswürde erhält. Er setzt sich aber auch ein, weil er meint, Deutschland stünde ein fünfter Kardinalshut zu. Das liegt Angela Merkel eher fern. Ihr ist an guten Beziehungen gelegen. Mit Kardinal Lehmann, dem langjährigen Vorsitzenden der Deutschen Bischofskonferenz, verstand sie sich so gut, dass beide auch bis in die Nacht hinein im Kanzleramt oder der Parteizentrale beim Wein zusammensaßen. Doch allzu häufig kam es dazu nicht. Sie habe ihn als Ratgeber geschätzt, heißt es. Es gibt einen guten und sachlichen offiziellen Austausch sowie regelmäßige Begegnungen zwischen dem Episkopat und der Regierung. Kumpanei aber ist Angela Merkel zuwider, das gilt sogar für wirkliche Freunde, erst recht für solche, die ihr taktisch nützlich sein könnten. Ob das ein ehrenvoller Charakterzug oder ein anstrengender ist, darüber wird gestritten. Ein prominenter CDU-Landespolitiker sagte einmal über sie: „Mein größtes Problem ist, dass sie mit mir nicht mal ein Bier trinken geht." Diese eingeübten Formen, in denen im alten Westen – vor allem auch unter Männern – Politik gemacht wurde, durchbricht sie an einigen Stellen. Dass sie nicht gesellig sei, behaupten inzwischen allerdings nur noch wenige.
Die Formel, die die CDU gefunden hat, um das „C" politisch handhabbar zu machen, ohne sich zu sehr von Bibel und Dogmen bestimmen lassen zu müssen und ohne es auf ihrem Weg der Pluralisierung und Modernisierung völlig aufzugeben, ist die des „christlichen Menschenbildes". Ein Begriff, der so hilfreich ist wie trügerisch. Denn selbstverständlich beteuert die Union, dass man zu den Grundsätzen des christlichen Menschenbildes auch stehen kann, ohne gläubig zu sein. Man kann sie sogar auch herleiten aus anderen Glaubensrichtungen oder Weltanschauungen. Im Szene-Bezirk Prenzlauer Berg – dort kam die CDU bei der Bundestagswahl 2005 nur

auf 11,3 Prozent – fühlen sich mittlerweile einige junge Muslime zum CDU-Ortsverein hingezogen. Die Union sei die einzige Partei, die die Familie und Religion hochhalte und gleichzeitig für wirtschaftliche Freiheit stehe, sagen die Mitglieder dort. Viele der Jungen studieren Jura oder Wirtschaftswissenschaften, die Älteren betreiben kleine Gaststätten. Und bei den Mitgliederversammlungen wird mehrheitlich Mango-Lassi getrunken statt Bier. Das ist ein kleiner Teil der neuen CDU der Angela Merkel.

Was aber bleibt von einer Union, die im Herzen nicht mehr so katholisch ist – noch nicht mal in den großen Kernfragen? „Die Union war einst trotz ihres ökumenischen Charakters vor allem die Partei der katholischen Christen und hat sich auch selbst so verstanden", erklärt Hermann Kues, Staatssekretär im Bundesfamilienministerium und langjähriger Kirchenbeauftragter der Unionsfraktion im Bundestag. Unter Helmut Kohl wurden noch alle Abteilungsleiter im Kanzleramt katholisch besetzt. Das war vor allem auch deshalb möglich, weil aus dem vorpolitisch katholisch-kirchlichen Raum entsprechender politisierter Nachschub kam. Die Messdiener-Junge-Union-Partei-Sozialisation funktionierte noch. Diese Selbstverständlichkeiten sind dahin, die Säkularisierung der Union begann schon unter Kohl. Auf der anderen Seite verändert sich auch die katholische Kirche massiv. Man könnte fast sagen, sie ist nicht mehr so „katholisch" wie früher. Innerkirchlich ist die Pluralisierung de facto schon mindestens so weit fortgeschritten wie in der Union. Die im Katechismus festgeschriebene Position zur Homosexualität zu vertreten, sei politisch äußerst schwierig, räumte kürzlich ein hoher kirchlicher Würdenträger gegenüber Parlamentariern in Berlin ein.
Weder die katholischen Abgeordneten noch das Kirchenvolk sind als Milieu weiterhin so stark und einheitlich, dass sich

daraus ein Programm ableiten ließe. Das bedeutet, dass die politische Umsetzung einer irgendwie festlegbaren katholischen Lehre weder möglich noch gewollt ist. Um ihre Relevanz im politischen Geschäft zu behaupten, besetzt die Kirche als Institution ausgewählte Themen wie etwa die Stammzellforschung. Doch damit vertritt sie schon lange nicht mehr die Mehrheit ihrer Mitglieder. Immer weniger politisches Personal rekrutiert sich aus dem kirchlichen Umfeld, eine Krise des kirchlichen Engagements steht dahinter, auch eine Formschwäche des einst mächtigen politischen Katholizismus insgesamt. Die protestantische Kanzlerin und große Teile der Unionsmitgliedschaft haben mit einer katholischen Lehre ohnehin direkt nichts zu schaffen. In der Gesellschaft stellen die Evangelischen seit der Wiedervereinigung knapp die Hälfte aller Christen, auch in der Union treten sie stärker hervor. Im Präsidium der Partei ist der katholische Vorsprung nur noch sehr knapp. Wichtige Führungspositionen sind mit engagierten evangelischen Christen besetzt: Volker Kauder, der Fraktionschef, ist ein sozial-aktiver Protestant, der Bundesinnenminister Thomas de Maizière ist Präsidiumsmitglied des Deutschen Evangelischen Kirchentages, Bundesfinanzminister Wolfgang Schäuble sitzt im Vorstand des Diakonischen Werks in Baden. Der neue Generalsekretär der Partei, Hermann Gröhe, war Ratsmitglied der Evangelischen Kirche in Deutschland (EKD) und Herausgeber des evangelischen Monatsmagazins „Chrismon".

In der „Welt" schreibt Robin Alexander: „Die Protestantisierung der CDU gibt es tatsächlich." Das zeigt sich nicht nur an den agierenden Personen in der Union, die wie Gröhe bekennende und gläubige Protestanten sind, sondern auch an einer veränderten Situation in der evangelischen Kirche. Politisch gesehen lässt sich bei den Protestanten ein Schwenk zur Union beobachten. Beleg dafür sind etwa gewisse Positionierungen in der Wirtschaftspolitik und zum Thema Islam. Als Hinweis mag auch eine Personalie dienen. Neuer „Bevollmächtigter des Rates der Evangelischen Kirche bei der Bundesregierung“ ist seit 2009 Bernhard Felmberg. Der Theologe war zwei Jahre Geschäftsführer des Evangelischen Arbeitskreises der CDU/CSU. Von daher kennt er zumindest das Berliner Konrad-Adenauer-Haus und den inneren Takt der Parteizentrale gut. Der Berliner Theologe Christoph Markschies fasst es bei einer Veranstaltung der Partei zusammen: „Die protestantische Theologie hat endlich ihre Aversion gegen eine christliche Partei überwunden.“ Evangelische Pastoren hätten sich früher zumeist bei den Sozialdemokraten heimisch gefühlt, das sei heute nicht mehr so einseitig ausgeprägt.

Es gibt Nebenkriegsschauplätze: Eine Frontlinie heißt beispielsweise, gleichgeschlechtliche Paare dürfen keine Kinder adoptieren. Da zieht die Kanzlerin auch mit der katholischen Kirche an einem Strang. Doch sicher haben solche neuen Bastionen keine bindende Kraft. Schon ist von der jungen Familienministerin Kristina Schröder (CDU) zu hören, es lasse sich auch anderes denken. In der deutschen katholischen Kirche scheinen inzwischen die politischen Sympathien breiter verteilt zu sein. Sie fliegen den Grünen zu, wegen der neuen Nachdenklichkeit in der Bioethik, wegen Umwelt- und Entwicklungsfragen. Auch wegen der kritischen Zustimmung zu Militäreinsätzen. Doch es gibt – vom Militärbischofsamt bis zur katholischen Friedensbewegung Pax Christi – auch andere Annäherungen in alle Richtungen.

Angela Merkel hielt in den 1990er Jahren den traditionellen Gottesdienst vor Beginn der Parteitage für befremdlich, Gottesdienste seien etwas Privates, so war ihre ursprüngliche Einstellung, als sie zur CDU kam. Das gibt sie offen zu. „Heute sehe ich das anders“, sagt sie in Bezug auf den Gottesdienst

beim Auftakt eines Parteitags. „Eine solche Stunde hilft auch, das Wichtige vom Unwichtigen zu trennen.“[6] Ein Mitglied der Grundsatzprogramm-Kommission der CDU beklagt in einem Gespräch, dass bei einer Wochenendklausur für den Sonntagvormittag im Programm kein Gottesdienstbesuch eingeplant war. Dass aber dann – außer zwei oder drei älteren Mitgliedern – auch keiner überhaupt an einen Kirchgang gedacht habe, das erschrecke ihn zutiefst. Merkel gehört zu denen, die nicht daran denken, sie ist da nicht anders als viele in der Partei. Hermann Kues wirbt seit Langem bei der Kanzlerin um diese Sichtbarkeit des Glaubens. „Ich würde mir wünschen, dass ihre christliche Prägung häufiger von außen wahrnehmbar ist.“[7] Kein Zweifel, sie sei überzeugte Christin, es bleibe natürlich ihre persönliche Entscheidung, wie sie damit umgehe, beteuert er. Auch stehe ihre Politik gewiss auf dem „Boden der christlichen Sozialethik“. Nur eben der Bogen zum Glauben, zur Kirche, der fehle. Dieser sei gerade angesichts schwindender „Selbstverständlichkeiten“ so wichtig. Den christlichen Vorturner will Angela Merkel nicht geben. Sie wohnt unweit des Berliner Doms, doch ihr alter Weggefährte, Domprediger Friedrich-Wilhelm Hünerbein, hat sie dort, außer bei Staatsanlässen, noch nie gesehen, so tat er es im Magazin „Stern“ kund.
Im einem Interview mit den Zeitungen der Verlagsgruppe Bistumspresse (siehe S. 143 ff.) sagt sie etwas entschuldigend, die Menschen sähen ihren Glauben nicht, da sie ja vornehmlich in ihrer politischen Arbeit wahrgenommen werde. Bei anderer Gelegenheit verteidigte sie ihren persönlichen Glauben mit dem Hinweis auf die nötige Ruhe. Wenn sie bete, könne sie das Blitzlichtgewitter schlecht vertragen. Deswegen verzichte sie lieber auf die Sichtbarkeit in solchen Momenten. Andere Politiker haben da weniger Scheu. In der Nähe ihres Ferienhauses in der Uckermark sei sie häufiger in einer Ka-

pelle gesichtet worden, heißt es. In einem Interview sagte sie einmal, sie bete „fast jeden Tag". Spekulationen über ihren persönlichen Glauben verbieten sich. Zur Schau trägt sie ihn nicht. Sie will vor allem die Gefahr eindämmen, den Schatz des Glaubens durch die Politik vereinnahmen zu lassen. Denn das kennt sie zur Genüge. Deswegen dosiert sie ihre Signale, so könnte man es freundlich formulieren.

Auf dem Ökumenischen Kirchentag in München holt Angela Merkel dann doch noch das Kreuz ein, eine ganz besondere Kreuz-Debatte: Christian Wulf hatte als Ministerpräsident die erste Muslimin in sein Kabinett geholt. Das passte zu Merkels neuer Linie in der Integrationspolitik. Doch noch vor ihrem Amtsantritt sprach sich Aygül Özkan (CDU) in einem Interview dafür aus, Kreuze aus allen Klassenzimmern zu verbannen. Eine Schockwelle durchlief die Union. Entpuppte sich die Muslimin etwa als knallharte Laizistin? Das hätte die CDU und vor allem die CSU noch weniger vertragen als eine Andersgläubige in ihren Reihen. Özkan ließ schnell dementieren, so habe sie es nicht gemeint, sie habe sich nicht so gut ausgekannt und wolle an der Praxis nichts ändern. Angela Merkel greift die Frage auf dem Kirchentag noch mal auf und bekennt sich zum Kreuz im öffentlichen Raum. Nur ein Versprecher bei ihrem Auftritt deutet möglicherweise an, wie fern ihr die Debatte doch eigentlich liegt. Keiner wolle verbieten, dass „Kreuze in Kirchen hängen", sagte sie. In Kirchen? „In Schulen!", schob sie nach, das Publikum lachte mit ihr. So was nimmt ihr keiner mehr übel.

Papstkritik und andere „Sünden“

„C“-Debatten, die um das Christliche im Parteinamen kreisen, sind in der Union nichts Neues. Auch Profildebatten und Auseinandersetzungen um das Konservative kennt die Partei seit Adenauers Zeiten. Der Politologe Udo Zolleis beschreibt etwa einen Streit um das „C“ in den 60er Jahren. Schon damals gab es ein „massives Unbehagen“ über angebliche „Entideologisierung und Liberalisierung“ der Partei. Die Beziehungen zwischen Partei und der katholischen Kirche hätten ihren „Tiefststand“ erreicht, wurde damals konstatiert.[8]

Doch eine derart heftige „K“-Debatte, wie sie im Jahr 2009 ablief, hat es vielleicht doch noch nie zuvor in der Union gegeben. Hat das Katholische noch seinen rechten Platz in der Union? Die Partei, die doch stark durch den Katholizismus, besonders den rheinischen, geprägt war, verliert sie ihren Kern? Auslöser dafür war eine eigentlich recht kurze und möglicherweise halb spontane Äußerung der Bundeskanzlerin bei einer Pressekonferenz am 3. Februar 2009. Damals fiel die sogenannte Papstkritik, die das ganze Jahr hindurch Wellen schlug, in einer Weise auf, wie es Angela Merkel eher nicht erwartet oder gar beabsichtigt hatte. Die Papstkritik holt sie seitdem ständig wieder ein, sie ist geradezu zu einem imaginären Schalter geworden, den es nur zu drücken gilt, wenn Merkel-Kritik aufleuchten soll.

Die Papstkritik ist der Höhepunkt einer kriselnden Stimmung in einem katholischen Teilmilieu, die schon seit Jahren anhält und Merkel während ihrer ganzen Karriere begleitet hat. Kardinal Joachim Meisner ist ein prominenter wie exzellenter Exponent dieser Kritiker. Allen voran war es Kölns Erzbischof, der Merkel als Person – und am liebsten auch der ganzen Partei – das „C“ absprechen wollte. Meisner, aus dem Osten wie Angela Merkel, hat die Protestantin aus Brandenburg früh angegriffen. Die Abtreibungsgesetzgebung, die Haltung zur Homosexualität, zur Embryonenforschung sind einige inhaltliche Punkte, die für ihn Anlass zu teilweise polemischer Kritik waren. Via „Bild“-Zeitung kritisierte er auch, dass sie geschieden war und mit ihrem neuen Partner unverheiratet zusammenlebte. Doch sie hat sich gewehrt. Vor diesem Hintergrund kam es zur Krise.

Im Kanzleramt gibt es im 1. Stock die Stehpulte für kurze Pressestatements. Fahnen stehen daneben, die deutsche, die europäische und eine dritte, falls ein Gast erwartet wird. An diesem Dienstag im Februar hängt dort ausgerechnet die kasachische Flagge. Fernsehkameras sind aufgebaut, der obligatorische Fotografenpulk hält die Apparate im Anschlag, als die Kanzlerin zusammen mit Nursultan Äbischuly Nasarbajew, Präsident Kasachstans, auf die Pulte zumarschiert. Sensationelles erwartet keiner. Nach den üblichen Erklärungen haben die anwesenden Journalisten Gelegenheit für Fragen. Manchmal kommt es im hektischen Berliner Getümmel vor, dass jemand die Situation nutzt und die Kanzlerin auf irgendein anderes Thema anspricht, das mit dem Gast nichts zu tun hat, weil sie nun gerade da ist und die Gelegenheit günstig erscheint. So passiert es an diesem Tag. Merkel wird gefragt, was sie zu den Vorgängen in Rom meint. Ende Januar hatte Papst Benedikt XVI. vier Bischöfe der traditionalistischen Pius-Bruderschaft wieder in die Kirche aufgenommen, darunter auch Bischof Richard Williamson. Der hatte Tage zuvor mit einem Interview provoziert, in dem er den millionenfachen Mord an den Juden während der Nazidiktatur geleugnet hatte. Über die Angelegenheit war eine breite Debatte ent-

brannt, auch darüber, ob und wann der Vatikan von dem Interview wusste und ob sich der Papst richtig verhalten habe. Das ist alles schon ein paar Tage her, als Angela Merkel nun um ein Statement gebeten wird. Es gab schon Kritik an dem vatikanischen Vorgehen, auch aus den Reihen der Bischöfe. Der Papst selbst hatte, bei seiner Generalaudienz am Mittwoch zuvor, dazu gesprochen. Doch Merkel reicht das offenbar nicht. Sie sagt wörtlich in die Kameras:
„Ich glaube, es ist schon eine Grundsatzfrage, wenn durch eine Entscheidung des Vatikans der Eindruck entsteht, dass es die Leugnung des Holocaust geben könnte, dass es um grundsätzliche Fragen des Umgangs mit dem Judentum insgesamt geht. Deshalb darf das nicht ohne Folgen im Raum stehen bleiben. Das ist nach meiner Auffassung nicht nur eine Angelegenheit der christlichen, der katholischen und jüdischen Gemeinden in Deutschland, sondern es geht hier darum, dass von Seiten des Papstes und des Vatikans sehr eindeutig klargestellt wird, dass es keine Leugnung geben kann und dass es natürlich einen positiven Umgang mit dem Judentum insgesamt geben muss. Diese Klarstellungen sind aus meiner Sicht noch nicht ausreichend erfolgt."
Ihre Worte klingen umständlich, irgendwie geplant und improvisiert zugleich. Sie wusste, dass sie in den Tagen etwas sagen wollte, nur genau hatte sie sich für diese Pressekonferenz die Sätze vielleicht nicht zurechtgelegt. Der Ärger über ihre Intervention ist groß, Bischöfe sind wütend, Kölns Kardinal Joachim Meisner wird eine Entschuldigung der Bundeskanzlerin fordern. Auch der Vatikan weist die Kritik zurück. In der CDU gibt es vorsichtige Zustimmung für Merkel, bei der CSU rührt sich Kritik. Noch nie habe ein Bundeskanzler den Vatikan und schon gar nicht den Papst in Person kritisiert, heißt es in den Medien. Seit diesem Statement gibt es keine Diskussion um das Christliche oder Konservative in

der Union mehr, ohne dass das Stichwort „Papstkritik" fällt. Merkel hat seitdem versucht, sich in der Sache zu verteidigen und im Atmosphärischen etwas wiedergutzumachen. Inzwischen hat sie wiederholt den Papst, den Vatikan und die katholische Kirche gelobt und gewürdigt, katholische Akademien und katholische Verbände besucht. Doch dieser „Sündenfall" bleibt in den Augen mancher bestehen.
Abgesehen davon, was er emotional ausgelöst hat, bleibt aber Merkels Kommentar in Richtung Rom tatsächlich auch in der Sache erklärungsbedürftig. Wie kam es dazu? Im Vorfeld hat sie wohl unterschiedliche Möglichkeiten ausloten lassen. Fest stand für sie, dass sie in dieser Angelegenheit aktiv werden wollte. Wie bei kaum einem anderen Thema fühlt sie sich verpflichtet, gegen jegliche Verharmlosung des deutschen Menschheitsverbrechens vorzugehen. Sie spricht von der „Staatsraison". Es gehe deswegen auch nicht um Religion oder die Kritik an einem Religionsführer, sondern um die politische Dimension. Im Vorfeld ein Gespräch mit dem Papst zu suchen, darauf hat sie verzichtet. Sich beiläufig am Rande einer Pressekonferenz zu dem Thema zu äußern, anstatt einen eigenen Termin anzuberaumen, schien offenbar auch ihren Beratern ein gangbarer und diplomatisch akzeptabler Weg. Doch der Kompromiss war dann das eigentliche Desaster. Möglicherweise also kam die Journalistenfrage beim Termin mit dem kasachischen Präsidenten der Kanzlerin gelegen. Möglicherweise hat sie dann aber nicht ganz genau und präzise formuliert. Denn der Kern der Verärgerung über ihre Äußerung lautete gerade, die Kritik lasse sich als persönlich an den Papst gerichtet lesen. Als „Ungeheuerlichkeit" ist dann angesehen worden, dass es so schien, sie würde Benedikt XVI. persönlich vorwerfen, keine klare Haltung zum Holocaust zu haben. Dies wieder stellt sich als besonders abwegig dar angesichts seiner Stellungnahme eben bei der Generalaudienz

zuvor am 28. Januar. Es scheint geradezu, dass Merkel diese ignoriert hat, zumindest hat sie diese nicht ausdrücklich gewürdigt. Mit allem Nachdruck hatte Benedikt XVI. seine „unerschütterliche Solidarität“ mit den Juden bekundet. Die Shoah sei eine „ständige Mahnung gegen das Vergessen, gegen das Leugnen und gegen das Verharmlosen“, so der Papstappell. Warum also wollte Merkel noch einmal eine Klarstellung? Einige Stunden vor dem Papst kam auch von Seiten der Traditionalisten das überfällige klärende Wort. Der Generalobere Bernard Fellay distanzierte sich von seinem Mitbruder Williamson, der mit seinen Äußerungen die gesamte Gemeinschaft in Verruf gebracht habe.

Merkels Äußerung kam verspätet, meinten einige. Auch die deutschen Bischöfe waren in ihrer Haltung eindeutig. Bischof Gerhard Ludwig Müller bekundete etwa die Erwartung, dass der Traditionalistenbischof sich von seinen „zutiefst menschenverachtenden“ Äußerungen distanziere und sein Amt nicht mehr ausübe. Am Tag nach Merkels Äußerung veröffentlichte der Vatikan dann eine umfangreiche Erklärung, die man im Kanzleramt gerne als Reaktion auf die Berliner Intervention gelesen hat. Darin heißt es:

„Die Positionen von Bischof Williamson über die Shoah sind absolut inakzeptabel und werden vom Heiligen Vater entschieden zurückgewiesen, wie er selbst am 28. Januar bemerkte, als er mit Bezug auf jenen grausamen Völkermord seine volle und unbestreitbare Solidarität mit unseren Brüdern betonte, denen der Erste Bund galt, und bekräftigte, dass das die Erinnerung an diesen schrecklichen Völkermord die ‚Menschheit dazu führen muss, über die unabsehbare Macht des Bösen zu reflektieren, wenn es das Herz des Menschen erobert‘. Dabei fügte er hinzu, die Shoah bleibe ‚für alle eine Mahnung gegen das Vergessen, gegen die Leugnung oder die Verharmlosung, weil die Gewalt gegen einen einzelnen Menschen Gewalt gegen alle ist'. Um eine Zulassung zu bischöflichen Funktionen in der Kirche zu erhalten, muss sich auch Bischof Williamson absolut unmissverständlich und öffentlich von seinen Aussagen zur Shoah distanzieren. Sie waren dem Heiligen Vater im Augenblick der Rücknahme der Exkommunikation nicht bekannt."

Merkel bekam international Unterstützung für ihre kritische Stellungnahme. Sie hat dann ihrerseits in einer erneuten Wortmeldung die Erklärung des Papstes vom 4. Februar gelobt. Es sei ein wichtiges und gutes Signal, man sei nun „ein Stück weit vorangekommen". Doch die Debatte hatte sich gedreht. Dass Merkel den Papst auffordert, Dinge zu tun und dann auch noch kommentierend Handlungen des Papstes bewertet, all das wird ihr nun zum Vorwurf gemacht. Obwohl laut Umfragen die Mehrheit der Deutschen hinter Merkels Intervention steht und die Kritik für berechtigt hält, ist im Verhältnis Kanzlerin zu den Katholiken nun nichts mehr wie vorher. Das Wort von der „Anti-Papst-Kanzlerin" macht die Runde, die für Katholiken nicht mehr wählbar sei. „Unbegreiflich und empörend", kommentiert der Eichstätter Bischof Georg Maria Hanke Merkels Worte. Prälat Karl Jüsten, Leiter des Katholischen Büros in Berlin, erklärt, bei ihm würden sich Katholiken wie Protestanten melden, die Merkels Äußerung für unangebracht hielten. Die Papstkritik wird eine politische Angelegenheit, die in die C-Parteien hineinwirkt. Georg Brunnhuber, katholischer Bundestagsabgeordneter und einst vom Merkel-Kritiker zum loyalen Berater mutiert, platzt jetzt doch der Kragen. In einem Zeitungsinterview durchbricht er die Phalanx der Merkel-Verteidiger in der Fraktion. „Viele CDU-Mitglieder halten die Einlassungen der Kanzlerin nicht für richtig", sagt der Vorsitzende der mächtigen baden-württembergischen Landesgruppe. Auch Bundestagspräsident Norbert Lammert (CDU) verteidigt mehr den Papst, weniger die Chefin.

Exkurs: Israel und die Staatsraison

Eine Erklärung für Merkels Intervention ist tatsächlich ihr besonderer Focus auf das jüdische Volk und Israel. Angela Merkel widmet sich der Angelegenheit in besonderer Weise. Das zeigt sich an vielen Stellen auch in ihrer Kanzlerschaft. Nach dem Irak ist der Iran aktuell die größte Bedrohung für Israel. Das dürfte nicht als „Privatproblem Israels" gesehen werden, erklärte sie Ende 2008 bei der Entgegennahme der Josef-Neuberger-Medaille der Jüdischen Gemeinde Düsseldorf. Merkel hält im März desselben Jahres eine Rede vor dem israelischen Parlament. Sie ist die erste Regierungschefin überhaupt, die vor der Knesset sprechen darf, normalerweise wird diese Ehre nur Staatsoberhäuptern zuteil. „Wir lassen Israel nicht allein", erklärt sie. Sie setze sich für entschiedene Sanktionen gegen den Iran ein, wenn der nicht im Atomstreit einlenke. Ohne diese besondere Aufmerksamkeit für das jüdische Schicksal hätte sie sich auch nicht am 3. Februar 2009 zu der Kritik an Papst Benedikt XVI. hinreißen lassen. Dass Merkel trotz der päpstlichen Beteuerungen die Kritik äußerte, im Sinne des Zentralrates der Juden in Deutschland und möglicherweise auf medialen Druck hin, entspricht nicht unbedingt üblichen diplomatischen Gepflogenheiten. Es zeigt, wie wichtig ihr das Thema ist.

Am 6. November 2007 hatte der Zentralrat der Juden in Deutschland in einen holzvertäfelten Salon des wieder aufgebauten Adlon-Hotels neben dem Brandenburger Tor zum festlichen Gala-Diner geladen, um der Bundeskanzlerin den Leo-Baeck-Preis zu überreichen. An den fein gedeckten Tischen saßen die Honoratioren der Republik vor Tafelsilber und Kristall, um einer der im politischen Berlin so üblichen wie selbstverständlichen Lobreden zu lauschen. SPD-Veteran

Hans-Jochen Vogel saß im Publikum, neben ihm der Vertreter des Heiligen Stuhls, daneben der Historiker Arno Lustiger, Bundestagsvizepräsidentin Katrin Göring-Eckardt (Grüne) schaute aufmerksam, der Generalinspekteur der Bundeswehr hatte in seiner Ausgehuniform Platz genommen. Der Einzige, der wie immer in zerschlissener Lederjacke kam, war der einst aus der DDR ausgebürgerte Liedermacher und heute in Hamburg lebende Ehrenbürger Berlins, Wolf Biermann. Er hielt die Laudatio auf Angela Merkel, er, der wie sie in Hamburg geboren ist und der wie ihr Vater von West nach Ost übersiedelte, um im vermeintlich besseren Deutschland zu leben. Er, der einstige Linke, hielt die Lobrede auf die konservative Kanzlerin.

„Wir passen schön schlecht zusammen, und das macht die Konstellation interessant." Es wurde keine übliche Lobrede, es geriet fast zu einer Hymne. Dass die außenpolitische Haltung Angela Merkels einen besonderen Schwerpunkt hat, dass ihre Haltung zu Israel und Nahost, zu Krieg und Frieden und der Frage der Menschenrechte auch eine persönliche Note trägt, das vermitteln besonders anschaulich die Worte eines Wolf Biermann, der vom Kommunisten zum Demokraten konvertiert ist, der seine jüdischen und seine deutsch-deutschen Wurzeln in dichterischer Weise immer wieder politisch umzusetzen wusste, der noch immer so etwas ist wie das Gewissen des einst geteilten Landes.

Wolf Biermann hat oft bekannt, dass er seine meisten Freunde verloren hat, als er 1999 den ersten Golfkrieg von Präsident George Bush senior und 2003 den Irakkrieg des Sohns unterstützte. Für Angela Merkel war es wohl nicht so drastisch. Biermann lobt also genau das an ihr, ihre Absage an einen Pazifismus, der blind sei für die Gefahren, die von Diktaturen ausgehen könnten. Und er lobt diese Haltung auch noch 2007, als viele davon überzeugt sind und es als bewiesen gilt, dass die 2003 von den USA beschworene Gefahr durch irakische Massenvernichtungswaffen gar nicht bestanden hat, der Krieg also völkerrechtswidrig war. Für Biermann – und eben auch für Merkel – bleibt wichtig, Freund und Feind zu unterscheiden. „Warum hassen so viele Europäer dermaßen maßlos die Juden? Warum halten sie das bedrohte Israel, die einzige Demokratie in der arabischen Region, für den gefährlichsten Kriegstreiber in der Welt? Und woher kommt dieser hysterische Hass gegen die USA? Ich wüsste gern, verehrte Angela Merkel, Ihre Meinung." Ihre Grundhaltung lässt sich genau an diesen Fragen festmachen: Freundschaft mit den europäischen Juden, unbedingte Unterstützung für den Staat Israel, unbeirrbar im Bündnis mit Amerika. Biermann zitiert sie mit den Worten: „Ein Blick zurück in unsere eigene Geschichte mahnt dazu, den Frieden als wertvolles Gut zu erhalten und alles zu tun, um kriegerische Auseinandersetzungen zu vermeiden. Ein Blick in die gleiche Geschichte mahnt aber auch, dass ein falsch verstandener, radikaler Pazifismus ins Verhängnis führen kann und der Einsatz von Gewalt – trotz des damit einhergehenden Leides – in letzter Konsequenz unausweichlich sein kann, um noch größeres Übel zu verhindern."

Biermann lobt ihre Reden zum Nahostkonflikt, die „in bester Luther-Tradition" gehalten seien, nach dem Motto „Eure Rede aber sei ja, ja, nein, nein". Und ihn freue es, dass Merkel ihre Haltung als Bundeskanzlerin und auch in der aktuellen Konfliktlage aufrechterhalte. Die Bedrohung für Israel gehe möglicherweise nun vom Iran aus. Dazu sagt Angela Merkel in einem Interview 2007: „Wir können die Augen vor einer Gefährdung nicht verschließen. Ich trete mit Nachdruck dafür ein, dass wir das Problem auf dem Verhandlungswege lösen, aber dazu müssen wir auch bereit sein, weitere Sanktionen zu verhängen, wenn der Iran nicht einlenkt. Er bedroht die Sicherheit Israels, die für mich als deutsche Kanzlerin niemals verhandelbar ist. Er bedroht die Region, Europa und die Welt. Das müssen wir verhindern."

Neben der Solidarität zu Israel würdigt Biermann die kritische Haltung gegenüber Russland, die Politik des Klimaschutzes und ihre Europapolitik. Merkel wird in seiner Anschauung zu einer moralischen politischen Figur. Sie, die häufig als haltungslos und beliebig kritisiert wird, wandelt sich in Biermanns Darstellung zu einer Person mit besonderer Aufrichtigkeit. Er formuliert das gewohnt stilisiert: „Eine Frau, die die Gesetze der Physik studierte in einem Land, wo zwei mal zwei nicht vier sein durfte – ausgerechnet sie bringt den Großkopferten der Europäischen Union lebensklug wie eine erfahrene Grundschullehrerin das kleine Einmaleins der politischen Moral bei und dazu das große Einmaleins einer moralischen Politik."

Seine eigentümliche Begeisterung für die Kanzlerin drückte sich schon kurz nach ihrer Wahl und der Abwahl Schröders aus, bei einem Konzert in der Katholischen Akademie in Berlin: „Besser im guten Sinne eine schlechte Schauspielerin als im schlechten Sinn ein guter Schauspieler."

Ein Bußgang als Erfolg

Die Papstäußerung vom Februar 2009 war für ihre Kritiker der Auslöser, die Debatte um das vernachlässigte „C" und Merkels „Verrat" zu erneuern und zu bündeln. Zwei Buchveröffentlichungen spielen dabei eine besondere Rolle. Der Publizist Martin Lohmann schreibt unter dem Titel „Das Kreuz mit dem C" über die Abkehr der Union vom Katholischen. Der Dominikanerpater Wolfgang Ockenfels nennt seine Analyse „Das hohe C: Wohin steuert die CDU?" und beklagt die Antikirchlichkeit der einst mit der Kirche befreundeten Partei. Die bereits andauernde und bisweilen aufflackernde Kommunikationsstörung zwischen der katholischen Kirche und Angela Merkel findet nun Niederschlag in der öffentlichen und publizistischen Debatte. Höhepunkte dieser „Affäre" sind am Anfang der Austritt von Ex-Ministerpräsident Werner Münch aus der CDU Ende Februar und die Gründung des „Arbeitskreises engagierter Katholiken" im Dezember.

Der 68-jährige Münch war 37 Jahre Mitglied der CDU, stammt aus dem Ruhrgebiet, war Mitglied des Europäischen Parlaments und Hochschullehrer. Von 1991 bis 1993 war er Ministerpräsident des Landes Sachsen-Anhalt. Die „Papstkritik" habe das Fass zum Überlaufen gebracht, sagt er. Doch sei sein Austritt nicht im Affekt geschehen, sondern die Entscheidung gewachsen. „Ich beklage eine Politik der CDU, die sich von den christlichen Werten wegbewegt", begründet Münch seinen Abschied. Es würde eine Politik dominieren, die von Beliebigkeit und Relativismus zeuge. Besonders nennt er die Positionen beim Lebensschutz und in die Familienpolitik.

Martin Lohmann, Publizist und CDU-Mitglied, wirbt schon seit Langem für einen so genannten katholischen Arbeitskreis in den C-Parteien. Als stellvertretender Chefredakteur des Rheinischen Merkurs forderte er schon in den 90er Jahren ein solches Pendant zu dem fest etablierten Evangelischen Arbeitskreis in der Union. Damals soll Angela Merkel noch als Ministerin bereits zusammen mit dem ebenfalls protestantischen Wolfgang Schäuble eine solche Institution verhindert haben. Der Arbeitskreis soll das Mittel sein, die schwindende Katholizität zu bekämpfen und die Getreuen zu versammeln. Seitdem die Idee in der Welt ist, kritisieren andere, eine solche Einrichtung würde zur „Ghettobildung" des Katholischen führen. In seinem 2009 erschienenen Buch rechnet er mit der Kanzlerin und der Partei ab. „Wie christlich ist die Union?", fragt er. Und seine Antwort lautet, sie verliert ihr Profil vor allem wegen Merkel. Er benutzt die Redewendung vom Fass, das zum Überlaufen gebracht wurde durch einen Tropfen: die Papstkritik. Dadurch werde deutlich, wie voll das Fass schon länger gewesen sei. Es sind die Themen Abtreibung, Stammzellforschung, Patientenverfügung und Familienpolitik, bei denen er die christliche Ausprägung vermisst. Außerdem bemängelt er ein generelles Fehlen einer christlichen Unterfütterung Merkelscher Werte-Rhetorik und fragt nach der „Kanzlerin des Diffusen". Er unterstellt Merkel ein „tief sitzendes Problem" mit der katholischen Kirche und analysiert, dass die Parteibasis in der „Merkel-CDU" schon ihre eigene „wirkliche CDU" nicht mehr wiedererkenne. Es sei die Meinung verbreitet, die Parteichefin „entleere das C". Nach der Bundestagswahl und dem prozentual dramatisch schlechten Ergebnis der CDU scheint für Lohmann die Zeit reif, die Gründung des schon lange ersehnten Arbeitskreises selbst ohne Rückendeckung der Parteiführung zu vollziehen. Er findet Mitstreiter, darunter den CSU-Politiker Norbert Geis MdB und den ehemaligen bayerischen Landesminister Thomas Goppel. Weitere bekannte CDU-Namen fehlen beim neuen „Arbeitskreis engagierter Katholiken" (AEK). Lohmann war es gelungen, schon vor der Wahl publizistische Aufmerksamkeit für sich zu gewinnen. Nach der Wahl und dem holprigen Start der Regierung wurde dann seinem AEK besonderes mediales Interesse zuteil, weil er auch einem gewissen innerparteilichen Frust Ausdruck zu verleihen schien. Merkels Papstkritik hat ihren Kritikern über ein Jahr lang Rückenwind verschafft. Bis dahin, dass ein katholischer Kirchenzeitungsverleger dazu aufgerufen hat, als Katholik nicht CDU/CSU zu wählen, sondern stattdessen die Partei Bibeltreuer Christen oder die ÖDP. Sowohl im Kanzleramt als auch in der Parteizentrale ist die Wirkung ihrer Worte durchaus als negativ registriert worden. Doch was hat Merkel nach den Vorgängen im Februar gemacht? Ihre Sofortreaktion war ein Anruf beim Papst. Langfristig wurde der Kanzlerin sozusagen ein Besuchsprogramm in katholischen Einrichtungen verordnet. Beides hat gewirkt. In der offiziellen Mitteilung des Vatikans wird im Anschluss an das Telefonat von einem „herzlichen" Austausch gesprochen. Der Papst sei über Merkels Äußerung auch persönlich enttäuscht gewesen, heißt es inoffiziell in Rom. Beide kennen sich, haben sich bereits mehrfach gesprochen. Einmal sogar ausführlich, als sie noch nicht an der jeweils obersten Spitze standen. Das Telefonat soll aber tatsächlich eine Klärung gebracht haben. Danach sei die Sache für den Vatikan erledigt gewesen. Auch wenn die Nachbeben in Deutschland bisweilen noch lange zu spüren waren.

Merkel ist vorgeworfen worden, sie habe nicht den diplomatischen Weg gewählt, so wie man sich zwischen Staaten verhalte. Das sei Bismarcksches „Kulturkampf"-Verhalten, hieß es in einigen Kommentaren. Der Vergleich verkennt wohl vor allem auch die historische Tatsache, dass der deutsche Reichskanzler am deutschen politischen Katholizismus vorbei seinen Frieden mit Rom gemacht hat. Nach der Papstkritik wurden auf jeden Fall alle diplomatischen Register gezogen. Der deutsche Botschafter beim Heiligen Stuhl, Hans Henning Horstmann, half entscheidend mit, trotz aller Aufgeregtheit, den Frieden wiederherzustellen.

Doch das politische Urteil kann dadurch nicht abgemildert werden. Die politische Unruhe ließ sich durch die diplomatische Besänftigung auch nicht ganz beheben. Wenige Monate vor der Bundestagswahl bleibt es bei einer Unzufriedenheit im „konservativ-katholischen Teil“ der Union, so diagnostizierten es die Medien. Daher schienen Merkels Besuche bei den Katholischen Akademien in Berlin und Bayern sowie weitere „katholische“ Termine wie Reaktionen auf die Stimmung im katholischen Lager zu sein. Doch es waren gerade diese Auftritte in den Akademien, die zum Beweis des Gegenteils taugten oder zumindest zu einer gewissen Relativierung der Lage. Ihre Visiten ließen den Eindruck entstehen, dass die Front der Katholiken gar nicht mehr so stramm steht. Anstatt auf Kritik oder gar Ärger und Wut trifft sie vor allem auf Höflichkeit und bisweilen sogar Sympathie. Vor allem der Besuch der Berliner Akademie geriet zu einer freundlichen Begegnung, die die aktuelle Entwicklung auszublenden schien. Das Thema Papstkritik wurde weggelassen, was natürlich auch die Katholiken teilweise überrascht hat. Mancher spottete zunächst von einem „Gang nach Canossa“ ob des Besuchs Merkels bei den Katholiken. Doch es war dann fast so wie beim historischen Bußgang, wenngleich der Vergleich im engeren Sinne unhistorisch ist. Zwar reiste der deutsche König Heinrich IV. im Dezember 1077 nach Canossa und warf sich Papst Gregor VII. zu Füßen, doch blieb in dem Konflikt der beiden mittelalterlichen Herrscher eben gerade der König der Sieger und erstritt sich das Primat der weltlichen Herrschaft. Und auch Merkel ging als Gewinnerin aus den „katholischen“ Besuchen hervor.

Sie weiß sehr wohl, dass sie mit ihrer Papstkritik bei vielen

Katholiken durchaus auch einen Nerv getroffen hat. Papstkritik ist im deutschen Katholizismus kein Tabu mehr. Der Papst und der Vatikan standen wegen ihres Umgangs mit der Pius-Bruderschaft, des „Managements“ der Krise und eines möglichen konservativen Schwenks auch innerkirchlich in der Kritik. Die deutschen Bischöfe verabschiedeten bei ihrer Frühjahrsvollversammlung eine Erklärung, die in bis dahin ungekannter Deutlichkeit auch Missfallen am römischen Vorgehen zum Ausdruck brachte. Die Aufregung um die ungeschickte Merkel-Äußerung verschaffte die Möglichkeit, sich wieder hinter dem Papst zu versammeln, ohne sich inhaltlich verbiegen zu müssen. Die angeblich diffuse Merkel lernt einen diffusen deutschen Katholizismus kennen, der gerade, was Papstkritik angeht, Erfahrungen und schmerzliche Erinnerungen hat.
Das Besondere für Merkel ist, dass sie als preußische Protestantin einer Partei vorsteht, die lange Zeit stark von einem politischen Katholizismus geprägt war, der seinerseits an Kraft und Stärke in den letzen Jahren verloren hat. Die eigene Schwäche lastet man da gerne anderen an. Bei fast allen Themenfeldern, bei denen die Kritiker Merkel fehlende Christlichkeit vorwerfen, gibt es nicht nur im protestantischen Spektrum prominente Gegenpositionen, die auf Merkels Linie liegen; diese inhaltlichen Streitigkeiten gehen mitten durch das katholische politische Spektrum hindurch. Deswegen ist der Konflikt so emotionalisiert, so aufgeladen und so tendenziell unlösbar für Angela Merkel.
Es sind konservative Katholiken, die sich im politischen Katholizismus marginalisiert sehen. Deswegen tauchen ihre Positionen in katholischen Akademien seltener auf. Der politische Katholizismus in Deutschland, der sich traditionell im Zentralkomitee der deutschen Katholiken organisiert, ist konservativen Katholiken genauso ein Dorn im Auge, wie es be-

stimmte Positionen von Angela Merkel sind. Das gilt für die Fragen des Lebensschutzes, für die Themen Ehe und Familie und andere Fragen der Gesellschafts- und Sozialpolitik. Am Beispiel der Familienpolitik ist die bisweilen anzutreffende Konfusion des politischen Katholizismus besonders offenkundig zu betrachten.

Die Neuausrichtung der Familienpolitik unter Familienministerin Ursula von der Leyen (CDU) wurde von Teilen der katholischen Kirche und von einem Großteil der katholischen Kirche kritisch begleitet. Von heftigen Kontrapositionen eines Bischofs Walter Mixa („Gebärmaschinen") bis hin zu konkreten Einwürfen des Familienbischofs Kardinal Georg Sterzinsky gab es eine gewisse Bandbreite. Auf der einen Seite wurde ein wie auch immer geartetes „normatives Familienbild" (Bischof Franz-Josef Overbeck) verteidigt, auf der anderen Seite wurde der sozialpolitische Aspekt betont. Mixa und andere haben das Frauen- und Familienbild angegriffen, welches der neuen Unionspolitik angeblich innewohne. Durch Elterngeld und Ausbau der Krippen werde die Erwerbsarbeit der Frau zu einem neuen Ideal stilisiert, anstatt Elternschaft und Erziehungsarbeit als Wert anzuerkennen. Die Politik denke nicht vom Kind her, sondern von den Wünschen des Arbeitsmarkts. Vielmehr müsse ein katholisches Familienideal hochgehalten werden. Sterzinsky und andere haben vor allem kritisiert, dass das Elterngeld keine soziale Komponente habe, sondern Besserverdienende aus Prinzip mehr fördere. Familienpolitik müsse aber, so diese Position, immer Sozialpolitik sein. Jedes Kind sei gleich viel wert, deswegen dürften reichere Eltern auch nicht mehr Elterngeld bekommen. Bei den Debatten um das Sparpaket im Sommer 2010 tauchen diese Argumentationslinien wieder auf.

Im Wahljahr 2009 besucht Angela Merkel auch den Familienbund der Katholiken. Tagungsort ist wieder die Katholische

Akademie in Berlin. Präsidentin Elisabeth Bußmann spricht diesmal auch kritische Fragen an. Merkel muss erneut ihre Familienpolitik gegen deutliche Angriffe verteidigen.[9] Aber beim Schlusswort sagt Bußmann etwas Versöhnliches. „Natürlich wollen wir, dass Sie Kanzlerin bleiben“, sagt sie, für manche überraschend, „damit wir weiter um eine gute Familienpolitik ringen können.“ In dieser Äußerung scheint die alte Verbundenheit von Kirche und Union auf, die in vielen Bereichen des politisch-katholischen Raums brüchig wird und schwindet. Die ganze Debatte um das „C“, um die Person Merkels und um inhaltliche Differenzen mündet bei den meisten Katholiken noch immer in einer Wahlentscheidung für die CDU. Das hat, trotz allem Sturm, die Bundestagswahl gezeigt. Es gab schmerzliche Verluste auch im katholischen Wählerspektrum, aber sie waren nicht deutlich größer als in anderen Gruppen. Und nach wie vor wählt eine Mehrheit von über 40 Prozent der Katholiken eine der C-Parteien. Keine andere soziologische Gruppe wählt derart homogen. Zufrieden sein kann man in der Union und kann Merkel mit den Ergebnissen gleichwohl nicht. Anders als bei den Wahlen 2005 gab es 2009 im Bundesvorstand immerhin eine Debatte über das Wahlergebnis. Merkel hatte die Forschungsgruppe Wahlen zur Analyse dazu geladen. Bei seinem Vortrag vor den CDU-Vorständen hatte Matthias Jung, Chef der Forschungsgruppe Wahlen, den Namen der C-Parteien auf seinen Grafiken mit einem „X“ versehen. Das „CXU“ sollte als Abkürzung für das vollständige CDU/CSU dienen, vielleicht auch als Ausweg aus dem umstrittenen Synonym „C-Parteien“. Doch es stand sinnbildlich für die Suche der Partei nach dem „X“, dem großen Unbekannten. Die Botschaft für Angela Merkel, Annette Schavan, Roland Koch und Co. sollte sein: Die Öffnung der Partei zur Mitte ist richtig, die Stammwähler schwinden, wahlentscheidend sind die Wechselwähler. Doch die umfangreiche Wahlanalyse bietet noch einen weitaus differenzierteren Einblick in das politische Seelenleben der Anhänger und Wähler. Die Katholiken haben sich nicht im großen Stil von der CDU/CSU abgewandt, das sollen die Zahlen von Matthias Jung belegen. Selbst in der von den Demoskopen definierten soziologischen Gruppe der „Katholiken mit starker Kirchenbindung" bleibt der Rückgang der Wähler prozentual knapp unter dem Wert der Gesamtverluste. Bei der Wahl 2005 hat die Union, bezogen auf die alten Bundesländer, 37,5 Prozent errungen. 2009 lag das Ergebnis 2,8 Prozentpunkte darunter. Das ist ein Rückgang von 7,5 Prozent. 72 Prozent der Wähler mit starker Kirchenbindung stimmten 2005 für die Union – 2009 waren es 67 Prozent. Das sind 5 Prozentpunkte weniger, ein Rückgang von 6,9 Prozent. Damit, so ist bei der Forschungsgruppe Wahlen zu hören, lässt sich zeigen, dass die Union auch bei den treuen Katholiken nicht überdurchschnittlich stark verloren habe, sogar nur leicht unter dem Durchschnitt. Das angeblich fehlende katholische Profil wirkt sich offenbar nicht dramatisch auf das Wahlverhalten aus.

Der Erfolg des Modernisierungskurses der Parteivorsitzenden Merkel wiederum zeige sich konkret in Wählerstimmen, die aus dem Osten kommen. Dort verbucht die Union bei der Bundestagswahl 2009 einen Zuwachs von 4,5 Prozentpunkten, was bezogen auf die Ausgangslage von 24,3 Prozent Zustimmung unter den Bürgern der jungen Bundesländer sogar einen beachtlichen Anstieg von 17,8 Prozenten ergebe. Das Resultat: Die Öffnung der Partei bringt deutliche Gewinne im Osten, in strukturell eher säkularen bzw. protestantischen Gebieten, aber einen gewissen Rückgang bei den katholischen Stammwählern im Westen.

Die Bedeutung dieser katholischen Stammwählerschaft für das Union-Gesamtergebnis sinke ab, heißt es bei den Wahlforschern. Die Katholiken mit starker Kirchenbindung machen 14 Prozent der Wählerschaft der Unionsparteien aus. 1976 waren es noch 37 Prozent. Bei den Katholiken allgemein waren es 1976 rund 64 Prozent, 2009 waren es 42 Prozent. Noch deutlicher lassen sich die gesellschaftliche Veränderung und das Auseinanderdriften der festgefügten Milieus bei der Betrachtung der Gesamtheit der Wahlberechtigten erkennen. Auch das haben die Demoskopen für die Beratungen der Unionsklausur ermittelt. Die Zahl der Katholiken mit Kirchenbindung hat sich im Westen von 1953 bis heute nahezu halbiert. Nur 25 Prozent der katholischen Wahlberechtigten sehen sich stark an die Kirche gebunden. Das ist der Grund, warum die CDU-Spitze bei der Klausurtagung im Gespräch mit den Kirchenvertretern das Thema Mission ansprach. Es ist der umgekehrte Blickwinkel: Was machen die Kirchen gegen ihr schwindendes politisches Gewicht?

Kritiker nennen diese Wahlanalyse „Berliner Problemschönrederei“. Sowohl die Zustimmung zu inhaltlichen Positionen als auch Wahlergebnisse lassen sich schließlich mit Hilfe von statistischem Material und begleitenden Umfragen umdeuten oder erschließen. Wie viel ist also dran an der Merkel-Kritik in der Union, wenn sie einerseits die beliebteste Politikerin ist und außerdem auch noch zwei Drittel der CDU-Mitglieder Katholiken sind? Die Antwort Lohmanns und manches Bundestagsabgeordneten lautet: Die Basis tickt anders. Und vor allem: Wähleranalysen sind nicht Mitgliederanalysen. Die CDU-Mitglieder aber sehen es anders. Ohne die Mitglieder sei keine Partei zu machen. Aus den Wahlkreisen musste sich mancher Mandatsträger Frust anhören. Natürlich merken alle, dass Merkel die Union modernisiert. Dem einen gefällt nicht, dass sie die Homo-Ehe nach der rot-grünen Episode nicht wieder abgeschafft hat. Andere wünschen sich eine andere Politik in der Finanzkrise. Wieder andere stören sich an dem pragmatischen Stil und wünschen sich eine Politik-Erklärerin, die

auch von Werten, Zielen und Visionen spricht. Mit dem „C“ lassen sich solche Mängelwahrnehmungen und Änderungswünsche gut bündeln, vor allem weil ein anderer Begriff in der politischen Kommunikation stark abgewirtschaftet wirkt: konservativ. Dass die konservative Flanke der Union verwaist sei, wird schon seit Längerem beklagt, und die Klage verhallt mehr oder weniger ungehört. Klagt man aber über das „C“, hat das, wie sich gezeigt hat, erheblich mehr Durchschlagskraft. Doch ist katholisch und konservativ nicht (mehr) identisch. Vor allem Bildungsministerin Annette Schavan und auch Merkels Generalsekretäre Hermann Gröhe und Ronald Pofalla (jetzt Bundeskanzleramtsminister) legen auf diese Feststellung wert und darauf, dass die CDU als Ganze keine rein konservative Partei ist und auch nie war.
Jugendliche verteilen vor dem Adenauer-Haus in Berlin Handzettel. „Wir sind die Basis“, steht darauf und „Linkstrend stoppen“. Hinter der Aktion, die sich gegen die modernisierte Merkel-CDU wendet, steht eine ungewohnte Mischung aus Nachwuchs und Establishment. Initiator der neuen konservativen Initiative ist Friedrich-Wilhelm Siebeke, früherer CDU-Bundesrichter, 87 Jahre alt. Er sieht seine Partei in die falsche Richtung marschieren. In seinem jüngsten Rundbrief freut er sich über 2000 „Fans“ auf der Kontakt-Plattform „Facebook“. Im Hauptstadtbüro arbeiten „engagierte junge Helfer“ bis spät abends, um die Post abzuarbeiten. Knapp 5000 Menschen haben den Aufruf unterschrieben, der sich vor allem gegen „linke“ Schulpolitik, Integrationspolitik und Gesellschaftspolitik wendet. Der Marsch in den Schuldenstaat wird kritisiert, die Gefahr der Islamisierung beschworen und ein konsequenterer Lebensschutz angemahnt. Allein die Unionsführung hört nicht auf die Protestler. Und die Mehrheit der Bevölkerung wohl auch nicht.
Für den Politologen und Historiker Antonius Liedhegener ist

es ein neues Phänomen, dass sich mit dem AEK eine konservativ-religiöse Gruppe in der Union zu Wort meldet. Auch die Aktion „Linkstrend stoppen“ sei überraschend. Doch diese Stimmen werden bedeutungslos bleiben, konstatiert der Luzerner Wissenschaftler. Die Union müsse ihr Heil weiter im gesellschaftlichen „common sense“ suchen, nicht an den Rändern. Ähnliches stellt auch Renate Köcher vom Allensbacher Institut für Demoskopie fest. „Christlich“ fänden die Menschen noch attraktiv, „konservativ“ überhaupt nicht.
Woran liegt es, dass es keine profilierten Konservativen in der Union mehr gibt und dass konservative Positionen keinen Rückhalt mehr finden? Köcher analysiert in einer aktuellen Studie sehr genau den Unterschied zwischen bestimmten Positionen und dem Etikett „konservativ“. Dabei wird deutlich, dass die Menschen zwischen bestimmen inhaltlichen Einschätzungen und der grundsätzlichen Marke „konservativ“ differenzieren. Während 55 Prozent der Bevölkerung mit Antipathie auf den Begriff „konservativ“ reagieren, findet gleichwohl die Mehrheit der befragten Menschen die als konservativ ausgemachten Forderungen richtig. Die Verteidigung von Recht und Ordnung etwa oder auch die Orientierung an einer deutschen Leitkultur sind Positionen, die in Deutschland mehrheitsfähig sind, wenn sie nicht „konservativ“ daherkommen. „Das Problem des Konservativen ist die Assoziation mit einer gewissen Enge und einem Rigorismus, gegen den sich die moderne Gesellschaft sträubt“, schreibt Köcher.
Ganz anders sieht es mit dem Adjektiv „christlich“ aus. Auch über das schrumpfende innerkirchliche Publikum hinaus genießt der Begriff noch hohe Akzeptanz und Sympathie. 56 Prozent der von Allensbach befragten Personen geben an, den Begriff „christlich“ spontan „sympathisch“ zu finden. Fast genauso viele, nämlich 55 Prozent, assoziieren im Gegenzug „konservativ“ als „unsympathisch“. Bei den Jüngeren nimmt

die Wertschätzung für das Christliche deutlich ab. Doch zunächst hat Angela Merkel mit ihrem Diktum Recht: Christlich ist nicht gleich konservativ. Vielmehr haben Konservative offenbar nur noch eine Chance, auf breitere Zustimmung zu treffen, wenn sie sich eben als konservative Christen darstellen. Genau dies hat der „Arbeitskreis engagierter Katholiken" versucht und damit durchaus einen beachtlichen – zumindest medialen – Erfolg erzielt.

Wie wenig aber der „katholische Arbeitskreis" das Katholische in der Union verkörpert und vielmehr eine konservative Minderheitsströmung sowohl in der Kirche als auch in der Partei repräsentiert, das hat der Katholizismus-Experte Liedhegener in einer aktuellen Untersuchung dargestellt. Die Bedeutung des Katholischen für die Union und der Einfluss katholischer Kreise auf die Politik der Union waren eher mit einer sozialen denn mit einer konservativen Linie verbunden. Die Auflösung des katholischen Milieus ist für die Entwicklung der Partei entscheidend, gerade was das Werben um Wählerzustimmung angeht. Doch inhaltlich ist dieser Bruch weitaus geringer, als die konservativen Katholiken es jetzt versuchen darzustellen. „Neben dem lange Jahre tonangebenden Mehrheitskatholizismus artikuliert sich also erstmals seit Langem eine sehr konservative Opposition, deren Konfliktpotential innerkirchlich und, wie die aktuelle C-Debatte zeigt, parteipolitisch ernst zu nehmen ist", schreibt Liedhegener. Doch diese Kritiker am Rand haben kaum Gewicht oder Deutungskompetenz in den Unionsparteien. „An der programmatischen Verankerung der Unionsparteien in zentralen, konfessionsübergreifenden Ideenkomplexen des Christentums kann nach wie vor kein Zweifel bestehen", heißt es bei Liedhegener weiter. Als Grundcharakteristikum des Christdemokratischen macht er den Ausgleich der Extreme und die Integration der Flügel aus. Das vielbeschworene „C" hat da in der

Parteigeschichte immer mehr als Klammer denn als Profilierungsinstrument gedient.[10] Angela Merkel spricht vom Christlichen als Dach, unter dem sich die drei Flügel, konservativ, sozial, liberal, zurechtzufinden hätten. Weder die gängige Adaption des Christlichen für das Soziale (christlich-sozial) noch – wie jetzt in Mode – für das Konservative passen zur Tradition der Partei und zu ihrer strategischen Ausrichtung.
Was also mit dem Christlichen anzufangen ist, darüber gehen die Meinungen auseinander. Für Liedhegener bleibt das „C" der Lebensnerv der Partei. Auf den könne man nicht verzichten, auch wenn in einer „religiös unterkühlten Gesellschaft" die Betonung des Christlichen sich bei Wahlen negativ auswirken könnte. Renate Köcher macht eine pragmatische Gesellschaft aus, die sich Problemlösung wünscht statt Ideologie. Nur 16 Prozent der Befragten bei der aktuellen Erhebung ihres Instituts gaben an, das Wichtigste sei ihnen, dass Politiker ihren „Prinzipen treu bleiben". Demgegenüber stehen 69 Prozent, die sich rasche praktische Lösungen wünschen. Auch wenn das Christliche noch insgesamt deutlich positiv bewertet wird, so schwindet doch diese Einstellung laut Allensbach. Bei den unter 30-Jährigen finden nur noch 21 Prozent christliche Werte wichtig. Bei den Unionsanhängern sind es immerhin 54 Prozent. Als religiös bezeichnen sich noch 57 Prozent. Bei den unter 30-Jährigen sind es 32 Prozent, die sich religiös nennen.
Das Verhältnis von katholisch-konservativen CDU-Politikern zu Angela Merkel lässt sich gut am Beispiel von Georg Brunnhuber studieren. Er ist 2009 aus dem Bundestag ausgeschieden, war in seiner Position nicht unwichtig. Er gehört zu der Typengruppe der bodenständigen, machtbewussten und auch umgänglichen Politiker. Er hat den sogenannten Kardinal-Höffner-Kreis geleitet, eine Runde von Unionsabgeordneten, die sich dem Katholisch-Christlichen irgendwie verpflichtet füh-

len. Zwei Begebenheiten charakterisieren ihn und mit ihm das Verhältnis eines gewissen Spektrums in der Union zur Kanzlerin und Parteivorsitzenden. Der Baden-Württembergische Landesverband der CDU hatte sich 2002 gegen seine Parteivorsitzende für Edmund Stoiber (CSU) als Kanzlerkandidaten ausgesprochen. Aber anders als andere CDU-Gruppen haben die Südwestler es Merkel ins Gesicht gesagt. Und sie haben ihr ein Angebot gemacht: „Wenn es mit Stoiber nicht klappen sollte, dann stehen wir zu dir und unterstützen dich das nächste Mal." Als es so weit war, hielten sie Wort, und es kam zu einem Gespräch zwischen Brunnhuber und Merkel. Die Parteivorsitzende aus dem Osten freute sich über die Unterstützung, fragte aber dann den Süddeutschen: „Was muss ich tun, damit ihr mich auch wirklich mögt?" Und Brunnhuber soll geantwortet haben: „Konservativ sind wir schon selbst, das musst du nicht werden. – Sorge du dafür, dass auch unsere Töchter CDU wählen, dann lieben wir dich." In der Konsequenz heißt das, viele Christdemokraten sind eher pragmatisch als ideologisch. Wenn Merkel mit ihrer Linie haushohe Siege einfahren würde, wäre es stiller auch bei den Katholiken in der Union. Da das nicht so ist, murrt es an der Basis. Das ist durchaus eine Kategorie, die Merkel besser versteht als andere katholische Feinfühligkeiten.

Die andere Begebenheit bezieht sich auf den Kardinal-Höffner-Kreis. Er war als Ersatz für einen Katholischen Arbeitskreis in den 90er Jahren gegründet worden. Im zurückliegenden Jahr kam auch Angela Merkel in die Runde zu Besuch. „Wir sprechen hier keinem das ‚C' ab", stellte sich Brunnhuber vor seine Kanzlerin. Und obwohl er sie in Sachen Papst kritisiert hatte, verteidigte er ihre Linie. Es setzte sich bei den Katholiken im Bundestag die Meinung durch, dass ein neuer Arbeitskreis die Katholiken in der Partei eher marginalisiert, als ihnen neue Kraft zu geben. Und so scheint es auch gekommen zu sein. Inzwischen hat der von Lohmann gegründete AEK erklärt, er richte sich gar nicht gegen Merkel, sondern wünsche sich nur mehr Debatte und Pluralität in der Partei. Dezidiert konservativ sei man auch nicht mehr. Es zeigt sich, dass diese spezifisch katholische Merkel-Kritik-Welle langsam abebbt. Das heißt natürlich nicht, dass Merkel weniger unter Beschuss stünde. Ganz im Gegenteil. Es ist schon zu einem Charakteristikum ihrer politischen Karriere geworden, dem Unter-Beschuss-Stehen, dem Hagelfeuer der Kritik zu widerstehen.

Als sich allerdings die katholische Kirche Anfang 2010 erneut in der Kritik sieht, da Fälle von sexuellem Missbrauch von Priestern aus den zurückliegenden Jahrzehnten vermehrt bekannt werden, verhält sich Merkel in der anschwellenden Kirchenkrise völlig anders. Sie lobt wiederholt das Vorgehen der katholischen Kirche, ihr Bemühen um Aufklärung. Vor allem in der Auseinandersetzung zwischen Deutscher Bischofskonferenz und der Justizministerin Sabine Leutheusser-Schnarrenberger greift sie befriedend ein und löst damit die einjährige Anspannung auf. Leutheusser-Schnarrenberger, immerhin ein Mitglied ihres Kabinetts, wirft der Kirche vor, nicht ausreichend mit den Strafverfolgungsbehörden zusammengearbeitet zu haben. Eine Kritik, die in der ohnehin schon aufgewühlten Lage der Kirche wie ein Brandbeschleuniger wirkt. Erzbischof Robert Zollitsch stellt vom fernen Freiburg aus der Ministerin ein Ultimatum, sie müsse die Vorwürfe zurücknehmen. Wieder wird von kulturkämpferischem Agieren geschrieben, und auch mancher kirchliche Vertreter in der Hauptstadt wundert sich über das Vorgehen. Zur Befriedung führt schließlich die Einrichtung eines Runden Tisches bei der Bundesregierung, vor allem initiiert von Familienministerin Kristina Schröder (vormals Köhler). Verschiedene Telefonate zwischen Zollitsch und der FDP-Politikerin und auch mit Merkel bringen die Entschärfung des Konflikts. Die Kritik von mehreren Bischöfen am Sparpaket der Bundesregierung läuft dann schon wieder in den üblichen Bahnen des politischen Betriebs.

Der Kardinal-Höffner-Kreis hat angesichts der Attacken auf den Papst im Zusammenhang mit den Missbrauchs-Diskussionen eine Solidaritätsadresse verfasst. Sie war vom Ton her im Stile der alten CDU, die treu zum Heiligen Vater steht und um den Wert der katholischen Kirche an sich weiß und diesen schätzt. Kirche ist nach dieser Überzeugung eben nicht eine gesellschaftliche Gruppe von vielen, sondern mehr. Nur hätte es eben früher nicht der eigens verfassten Erklärung des Selbstverständlichen bedurft. Insofern ist eben auch der Treueschwur schon ein Zeichen des Unter-Druck-Stehens. Immerhin es gibt mehrere Versuche, die Wunden im Verhältnis von katholischer Kirche und der Union zu heilen. Und Angela Merkel hat ein großes Interesse daran. Nur welche die richtige Medizin ist, da ist sie sich noch nicht so sicher. Laut einem Bericht der „Welt" hätte sie gerne einen romtreuen Katholiken, der auch ihr gegenüber loyal ist. Die Persönlichkeit sollte das Katholische in der Union verkörpern und nur in erträglichen Dosen die Regierung kritisieren. Sie hat noch keine Idealbesetzung gefunden. Christian Wulff, der neue Bundespräsident, ist übrigens katholisch, nur möglicherweise nach Scheidung und Neuheirat in Rom nicht mehr ganz so gut angesehen.

Als Merkel am Dienstag, den 21. November 2005, als erste Bundeskanzlerin der Bundesrepublik Deutschland vereidigt wurde, verwandte sie die religiöse Eidesformel „So wahr mir Gott helfe". Schröder hatte darauf verzichtet. Die katholische Kirche kommentierte es prompt. „Das ist gut für Deutschland", sagte Prälat Karl Jüsten, Leiter des Kommissariats der katholischen Bischöfe in Berlin. Als sie in der Regierungserklärung ihr „Mehr Freiheit wagen" verkündete, kam aus gleicher Richtung schon Kritik. Der Freiheitsbegriff sei zu vage, in der Rede fehle es an ethischen Maßstäben. Dabei hatte Merkel darauf hingewiesen, jeder müsse seine religiösen Wurzeln kennen, um in den Dialog mit anderen treten zu können. Das Religiöse in der Politik ist in Deutschland institutionalisiert und mit Positionen und Programmen verknüpft. Es geht um Lebensschutz und soziale Gerechtigkeit, um ethisches Handeln in der Forschung und eine gerechte Politik gegenüber den Armen und Schwachen weltweit. Um ein religiöses Bekenntnis geht es zunächst nicht.

Das „C“ und die Machtfrage

Im Interview mit „Radio Vatikan“ aus Anlass ihres 50. Geburtstags bekennt sich Angela Merkel wortreich zum „C“. Doch sie erklärt schlicht: „Natürlich ist im 21. Jahrhundert das ‚C‘ für uns eine Herausforderung, weil es leider immer weniger Christen gibt.“ Das sei die Ausgangslage, die für eine Partei entscheidend ist, die Wahlen gewinnen will. Es ist eine Machtfrage. „Die CDU muss sich mit dem Wahlverhalten in den Ballungsgebieten, bei den nicht kirchlich gebundenen Bürgern und insbesondere bei Frauen auseinandersetzen. Wer das bestreitet, setzt die Zukunft der CDU aufs Spiel.“[11] Die Union muss demnach eine programmatische Öffnung vollziehen, die sich nicht an bestimmten Glaubensüberzeugungen festmacht, nicht einmal an bestimmten Glaubensrichtungen – oder am Glauben schlechthin. In der christlichen Union sind Atheisten und Agnostiker willkommen, genauso wie Juden und Muslime. Durch die Berufung Aygül Özkans ins Hannoveraner Ministeramt hat die Frage unverhofft praktische Brisanz erhalten. Denn ihr Amtseid „So wahr mir Gott helfe“ hat unverzüglich die Debatte ausgelöst, welchen Gott sie denn anrufe. Nach anfänglichen Irritationen bei den Kirchen kamen schnell Beschwichtigungen und sogar Jubelarien. Özkan habe sich auf den abrahamitischen Gott berufen, der alle einen könne. Auch Merkel lobt Özkans Akt. Schließlich wird die Gottesanrufung im Amtseid durch Özkan nicht nur konfessionell ausgeweitet, sie wird auch mehr der Sphäre des Kirchlichen entzogen und ins Feld des individuellen Bekenntnisses gerückt. Doch diese Art der Pluralisierung ruft auch Mahner auf den Plan. Bei aller Öffnung dürfe aus dem „C“ kein „R“ werden für eine „Religionsnahe demokratische Union“, warnt Innenminister Thomas de Maizière in einem

Interview. Vielen in der Union ist klar, ohne Christentum funktioniert es nicht.
Die politischen Konsequenzen aus dieser Modernisierung der Partei sind in der Familienpolitik und der Zuwanderungspolitik zu betrachten, auch im Bereich der Haltung zur Homosexualität bis hin zu Fragen der Bioethik. Zudem ist festzustellen, dass diese Pluralisierung eben ein Prozess ist, den die Kirchen gleichermaßen durchmachen. So weist der CDU-Mann und prominente katholische Laie Hermann Kues darauf hin, dass mitunter katholische Bischöfe den Frust über die mangelnde Geschlossenheit des eigenen Ladens an der Union abladen.
Als Angela Merkel als Vorsitzende 2003 zum ersten Mal den Vatikan besucht, hat sie neben der Audienz beim damaligen Papst Johannes Paul II. auch einen Termin im Heiligen Offizium gleich neben dem Petersplatz. Dort trifft sie den Chef der Glaubenskongregation, den deutschen Kardinal Joseph Ratzinger. Beide vertieften sich in die Frage nach der christlichen Politik, die Pragmatikerin trifft den Mann fürs Grundsätzliche. Es heißt, man habe sich gut verstanden. Merkel selbst plaudert später vor katholischen Kollegen über das Gespräch in den ehrwürdigen Räumen der früheren Inquisition. Auch ohne Daumenschrauben habe sie versichert, dass immer ein Christ den Vorsitz der Union innehaben werde und auch unter den Führungspositionen der Union die Dominanz von Kirchenmitgliedern gewahrt bleibe. In Wirklichkeit kann sie das gar nicht garantieren. Vielmehr konnte Ratzinger allenfalls durch die Beteuerungen erkennen, wie es sich mit Angela Merkel verhält, dass eine Christin der Partei vorsitzt und nicht eine christlich maskierte, in Wahrheit ungläubige Physikerin aus dem Heidenland. Aber natürlich lernt er auch die Machtpolitikerin kennen. Seinen Wunsch, die CDU möge christlicher werden in einer immer weniger christlich geprägten Umgebung, gab Merkel zurück. Die Kirchen seien für die

Christen und die Mission zuständig, nicht in erster Linie die Politik. Vielmehr fehle leider christlicher Nachwuchs in der Politik, darin sehe sie eher kirchliches Versagen.
In drei Treffen hatten Merkel und dann der zum Papst Benedikt XVI. gewählte Kardinal Ratzinger Gelegenheit, dieses erste Gespräch fortzusetzen. Sie sahen sich 2005 am Rande des Weltjugendtages in Köln. Zweimal traf das deutsche Kirchenoberhaupt dann noch auf Merkel als deutsche Regierungschefin. Eine Konstellation, die es seit dem Mittelalter nicht mehr gegeben hat, dass sich teutonische Führer mit einem Landsmann auf dem Stuhl Petri konfrontiert sehen. Merkel besuchte den Papst im August 2006 in Castel Gandolfo und sie sprach noch einmal mit ihm im September desselben Jahres in der bayerischen Staatskanzlei am Rande seines Heimatbesuchs.
Aus einer Partei von Protestanten und Katholiken, die nach dem Krieg die konfessionellen Unterschiede überwinden wollten – auch als Lehre aus der Weimarer Republik –, ist eine Partei geworden, die das „Christliche" als Begriff retten muss, auch wenn einige der handelnden Personen sich nicht mehr primär als Christen definieren oder zumindest ihr politisches Handeln nicht primär aus dem Christsein heraus ableiten wollen. Der Selbstfindungsprozess um das „C" ist eine Folge der Pluralisierung und Entkirchlichung der Gesellschaft, aber auch der Privatisierung des Glaubens, für den Angela Merkel auch steht. Den Prozess, der in der Union im Gange ist und für den Merkel zum Katalysator wird, beschreibt der Politologe Langguth: „Merkels Antrieb der CDU zum Eintritt in die Moderne, ihre Vermutung von Planbarkeit der Politik war klassischen Konservativen wie auch katholischen Denkern stets ein Dorn im Auge. Hierin liegt der Kern der Skepsis des in einer Zeit der Säkularisierung schwächer gewordenen Katholizismus gegenüber der ostdeutschen Protestantin Merkel:

Ihr Pathos der Modernität und des Individualismus ist ihnen fremd."[12] Sie sehen die katholische Soziallehre verraten, so Langguth weiter, wenn Merkel zu sehr die Segnungen des wirtschaftlichen Liberalismus preise. Sie sehen die Prinzipien der Subsidiarität und der Solidarität vernachlässigt.

Bleibt die Frage, was mit dem „C" passiert. Kardinal Meisner spricht der Union ihre Christlichkeit ab, jedes Mal, wenn sie seiner Meinung nach gegen die katholische Lehre verstößt. Etwa am Tag vor Weihnachten 2008, als er zum wiederholten Mal gegenüber einem Boulevardblatt die Entscheidung in der Frage der Stammzellforschung als mit dem „C" für unvereinbar erklärte. Das ist für viele in der Partei nicht nur ärgerlich, sondern verzerrt das Bild. Nicht nur ist die Union auch eine protestantische Partei, mehr noch kann man einem Kirchenmann nicht ständig die Definitionsmacht über einen Teil des Parteinamens abtreten.

Um das „C" handhabbar zu machen im post-säkularen Politikbetrieb einer zunehmend nicht gottlosen, aber weniger kirchlichen Gesellschaft, entstand der Begriff des „christlichen Menschenbildes". Dazu ist dem Christlichen – man kann es so scharf formulieren – in gewisser Weise der Glaubensaspekt amputiert worden. Das „Christliche" wird in der Union fortan als das „Wertefundament" gesehen. Der Gottesbezug wird nicht ausgeblendet, auch der Glaubensaspekt kann mitschwingen. Doch im Kern wird eine praktisch-ethische Richtschnur gefunden, die die Öffnung der Partei ermöglicht.

Im sogenannten „Berliner Programm" der CDU aus dem Jahr 1968 lautet die zweite Passage der Präambel: „Die Christliche Demokratische Union Deutschlands orientiert sich am christlichen Glauben und Denken." Diese Verknüpfung ist heute so direkt nicht mehr möglich: Der Gottesglaube wird nicht mehr direkt zur Grundlage der Politik erhoben. Weiter heißt es: „Politik aus der gemeinsamen Verantwortung der Christen in der Welt richtet sich auf die Freiheit der Person, die sich der Gemeinschaft verpflichtet weiß, auf die Gerechtigkeit für jedermann und auf die Solidarität, die auf der Eigenverantwortung der Person aufbaut." Der zweite Teil des Absatzes ließe sich fast auf heute übertragen, doch heute fehlt eben der Bezug zu den „Christen in der Welt". Heute geht es um alle Menschen. Es bleibt ein abstrakter Begriff des Christlichen, der lediglich noch die Substanz transportiert, das Leben und die Lebenspraxis aber sachte beiseiteschiebt.

Das liest sich im Grundsatzprogramm von 1994 so: „Unsere Politik beruht auf dem christlichen Verständnis vom Menschen und seiner Verantwortung vor Gott. Für uns ist der Mensch Geschöpf Gottes und nicht das letzte Maß aller Dinge ... 2. Wir wissen, dass sich aus christlichem Glauben kein bestimmtes politisches Programm ableiten lässt. Aber das christliche Verständnis vom Menschen gibt uns eine ethische Grundlage für verantwortliche Politik ... Dies ist die Grundlage für das gemeinsame Handeln von Christen und Nichtchristen in der CDU."

Entscheidend ist also, dass die Nichtchristen ins Boot geholt wurden und aus dem Glauben das „christliche Verständnis vom Menschen wurde". Der etwas sperrige Begriff wurde dann noch weiter modelliert. Jetzt heißt es „Das christliche Menschenbild". „Das ‚C' bedeutet, dass wir uns von einem christlichen Menschenbild prägen lassen, von einem Menschen also, der frei ist, der aber in der Verantwortung vor Gott steht, der nicht übermütig ist, sondern den Auftrag aus der Bibel erfüllt ‚Macht euch die Erde untertan', verantwortlich immer an die nächste Generation denkend", so erklärt Angela Merkel es bei Radio Vatikan.

Im Dezember 2007 verabschiedet die CDU in Hannover ihr neues Grundsatzprogramm. In der Präambel heißt es nun: „Wir orientieren uns am christlichen Bild vom Menschen und seiner unantastbaren Würde und davon ausgehend an den Grundwerten Freiheit, Solidarität und Gerechtigkeit." Der Begriff des christlichen Menschenbildes ist gestaltbar, vor allem hat die Partei selbst die Hoheit über diesen Begriff, mehr als beim Attribut „christlich" allein, bei dem noch stärker die Kirchen die Hand draufhalten. Aus dem christlichen Menschenbild fließen dann – nach Lehre der Union – die Grundwerte Freiheit, Solidarität und Gerechtigkeit, die die C-Partei übrigens mit den Sozialdemokraten gemeinsam hat. So zeigt sich ein Werte- und Bedeutungsgebäude, in dem sich alle Flügel und Richtungen, alle Weltanschauungen und Denkrichtungen einsortieren können. Natürlich nicht völlig beliebig, aber doch recht flexibel.

Es gilt die Formel, dass die Bibel kein politisches Programm ist und sich keine konkreten Handlungsanweisungen aus dem Evangelium ableiten lassen. Böse Zungen nennen das die Sozialdemokratisierung des „C". Wo steht Angela Merkel in diesem Prozess der Neudefinition des „C"? Dass die Partei als Ganzes keine „gläubige Partei" sein kann, würde ihrer Auffassung wohl entsprechen. Für sie ist eine Scheidung der Sphären der richtige Weg. Glauben gehört zum Individuum, auch noch zu den Kirchen, nicht aber festgezurrt – quasi unabhängig von der Person – in die Politik und ihre Institutionen und Positionen. Alle Dogmatik ist ihr fremd. Unions-Fraktionschef Volker Kauder (CDU) hat in der „Frankfurter Allgemeinen Zeitung" einen Grundsatzaufsatz zum „C" veröffentlicht, der den Begriff des Christlichen gleich im zweiten Absatz mit Leben füllt durch den Begriff der Freiheit.[13] Er zitiert den Galaterbrief des Neuen Testaments. Der Mensch sei zur Freiheit berufen. Und gleich danach kommt Martin Luther mit dem berühmten Zitat: „Ein Christenmensch ist ein freier Herr über alle Dinge und niemand untertan. Ein Christenmensch ist ein dienstbarer Knecht aller Dinge und jedermann untertan.“ Dass gerade der Christ aus einer besonderen Freiheit heraus lebt, das zeichnet auch Angela Merkels Vorstellung aus. Die CDU muss ihrer Ansicht nach das „C“ aus dem Freiheitsbegriff heraus lesen, aus der Freiheit des Einzelnen und seiner Beziehung zu Gott und aus der Verantwortung für das Gemeinwesen, die aus dieser Beziehung erwächst.

Als sie diese Überlegungen ausgerechnet in der wiedererstandenen Dresdner Frauenkirche im September 2007 vor 700 sächsischen Pfarrerinnen und Pfarrern weiter ausleuchtete, waren Ort und Anlass passend gewählt. Man hätte es eine Predigt nennen können, doch das will Merkel nicht. „Das Evangelium der Freiheit“ ist ihr als Thema aufgetragen. Es sei nicht alltäglich, darüber zu sprechen, sagt sie, aber „als evangelische Christin in politischer Verantwortung fühle ich mich angesprochen“. Sie verweist auf Paulus, der in seinen Briefen „von der Freiheit der Kinder Gottes, von der Freiheit durch die Bindung an Gott gesprochen“ habe. Paulus habe um die befreiende Kraft des Glaubens gewusst unter Rücksichtnahme auf die Freiheit der anderen. Die Kirchen hätten immer um den Freiheitsbegriff gerungen und würden das wohl auch noch weiter tun, merkt sie kritisch an. Doch sie selbst bleibt bei ihrem schon fast unerschütterlichen Freiheitsoptimismus. „Mehr Freiheit wagen“ lautete ihre pathetische Losung bei ihrer Regierungserklärung im Dezember 2005, in Abwandlung des Brandtschen Satzes „Mehr Demokratie wagen“. Vor den Pfarrern in Dresden wiederholt sie den Satz und sagt: „Mehr Freiheit wagen – das bedeutet, auf die Menschen zu setzen, auf jeden Einzelnen, auf seine Kreativität, auf seine Individualität als Geschöpf Gottes.“

Die CDU mit ihrem „C“ als Kühlerfigur vorneweg kann also dem nur gerecht werden, wenn sie zunächst auf der inhaltlichen Ebene das Christliche zu einem reinen Wertebegriff degradiert und die Menschen, Parteimitglieder und Wähler, entlässt in die säkulare Umgebung. Angela Merkel will weg von einer Funktionalisierung des Glaubens und des Christlichen für die Politik. Die manchmal kuschelig gepflegte Nähe ist ihr geradezu zuwider. „Natürlich darf die Politik Gott niemals instrumentalisieren. Wir haben das zum Beispiel im Irakkrieg gesehen. Wer da alles versucht hat, den Papst für sich zu instrumentalisieren, fand ich schlimm. Das darf man niemals tun." Solche Instrumentalisierungen oder Funktionalisierungen hat es immer wieder gegeben. Solche unseligen Verknüpfungen finden sich auch in Merkels DDR-Erfahrung. Die Blockpartei CDU wurde im ostdeutschen Staat als die „Abteilung Kirche" der SED verspottet. Sie hingegen hat den Glauben als Schutz vor der Diktatur empfunden, deswegen darf man ihn auch jetzt nicht verzwecken. Er muss der Schatz des Einzelnen bleiben. „Durch meinen Glauben habe ich in dieser Zeit gelernt, dass es richtig sein kann, anders zu denken und anders zu entscheiden, als es andere Menschen tun. Das hilft mir heute in einer Zeit, in der allen alles gleichgültig scheint, denn es ist nicht alles gleich gültig. Das Christ-Sein und meine Erfahrungen, die ich als Christ sammeln konnte, schützen mich davor."

In der alten westdeutschen CDU war die Lage ganz anders. Christlich-Kirchliches und politisches Engagement lagen bei einigen handelnden Personen so eng zusammen, dass aus dieser Identität eine gewisse wechselseitige Instrumentalisierung erwachsen konnte. Diese Nähe schwindet. Aus Merkels Verständnis heraus ist dies vielleicht gar nicht so schlimm. Doch reicht es aus, das „Werte-C" zu behalten und das „Glaubens-C" ins Private abzuschieben? Das Ende der Selbstverständlichkeiten im Leben der Union, in Abnabelungsprozessen vom katholischen Lehramt, in Auflösungsprozessen des vorpolitischen Raums (Messdiener, Pfadfinder, Bund Neudeutschland

etc.) birgt in diesem Sinne auch eine Chance. Denn gerade die zementierte Selbstverständlichkeit einer Christlichkeit in der Christenunion hat wohl dazu geführt, das eigene Bekenntnis zu vergessen, nicht zu ergründen bzw. nicht zu erfragen oder zu hinterfragen. Früher waren alle in der Union Christen, da haben viele nicht gelernt, dieses auch zu zeigen. Heute braucht die CDU möglicherweise aber mehr Christen, die als solche zu sehen sind, um das „C" mit neuem Leben zu füllen. Für Angela Merkel ist das „C" eine zutiefst persönliche und individuelle Frage, dann eine gesellschaftliche – und schließlich auch eine politische. Doch diese Reihenfolge ist wichtig, und daraus ergibt sich, dass Christen in der Politik tätig sind, um Macht kämpfen, Probleme lösen, Entscheidungen treffen – nicht aber eine „christliche Politik" betreiben. Das würde der Politik nicht gerecht und schon gar nicht dem Glauben an Gott und seinen Sohn Jesus Christus.
Wie aber kann die Rückgewinnung der christlichen Identität über den Einzelnen erfolgen? Mehr bekennende Christen fallen nicht vom Himmel in den Schoß der Union. Angela Merkel sieht die Kirchen in der Pflicht. Sie meint wohl auch, dass die Kirchen ihre eigentliche Aufgabe vernachlässigen. Angela Merkel versucht dem Begriff des christlichen Menschenbildes nicht nur einen Wertehorizont abzugewinnen, sondern auch einen politischen Tugendkatalog, der eben auf den Einzelnen und sein Handeln zielt. Weniger inhaltliche Positionen, aber mehr persönliche Haltungen müssen aus dem „C" herausdestilliert werden.

Pfarrerstochter privat

Artischocken einkaufen

An diesem Tag sprach sie über Artischocken, und die Journalisten waren glücklich. Wenn Angela Merkel in die Bundespressekonferenz kommt, ist der berühmte Saal mit der blauen Wand voll besetzt. So oft erscheint die Kanzlerin dort nicht. Die Journalisten aus dem In- und Ausland, die in Berlin bei der Bundesregierung als Berichterstatter akkreditiert sind, nutzen den Termin, um die Regierungschefin direkt in Augenschein zu nehmen und zu befragen. Und oft sind es Halbsätze oder kleine Gesten, in die die Beobachter etwas hineininterpretieren, um der Person der Kanzlerin auf die Schliche zu kommen. Denn sie erschließt sich nicht so einfach. Ihre Worte sind meist wohlbedacht, ihre Aussagen eng umzirkelt. Manchmal holt sie weit aus, um dem Fragensteller zu antworten. Dabei schweift sie nicht ab, sondern nimmt die Frage sehr genau. Der Kollege vom Radio wollte vielleicht lieber ein knackiges Statement zum Thema Nahostpolitik, die Kanzlerin hält aber ein kleines außenpolitisches Proseminar, bevor sie die eigentliche Antwort gibt. Dabei ist sie schlagfertig und nimmt die Journalisten mit einem Seitenhieb auch mal ein wenig hoch. Und ihre eigentliche Scheu, Privates preiszugeben, hat sie inzwischen verwandelt in die Gabe, kleine Anekdötchen zur Freude für die Journaille bereitzuhalten. Bisweilen vernebeln sie das Private dann mehr, als dass sie wirklich ein Geheimnis lüften.

Besonders um ihr aktuelles Privatleben in Berlin ranken sich gewisse wahre oder unwahre Geschichten. Den Einkauf, so erklärte sie, erledige normalerweise ihr Mann Joachim Sauer. Doch sie schreibe die Einkaufszettel. Dass sie gern backt und kocht, ist längst bekannt und oft wiederholt worden. Als sie noch nicht Kanzlerin war, hat sie auch noch zu sich nach Hause an den Kupfergraben in Berlin-Mitte gegenüber vom Pergamonmuseum eingeladen. Das ist seltener geworden. Pflaumenkuchen sei eine ihrer Spezialitäten, doch schon als Ministerin im Kabinett Kohl klagte sie, zu kurz sei die Saison, um einen Backtag zwischen die politischen Termine platzieren zu können.

Über eine Stunde saßen die Journalisten schon in der Bundespressekonferenz und lauschten schweren Themen, da erfreute Merkel die Runde mit der Artischockengeschichte. Was sich denn geändert habe, seitdem sie Kanzlerin sei, wurde sie nach vier Jahren im Amt gefragt. „Einkaufen“, antwortet sie. Wenn sie in den Supermarkt gehe und sich suchend umschaue, um die Artischocken zu finden, Artischocken im Glas, dann dauere es nicht lange, schon stünden mehrere Mitarbeiter um sie herum. „Mich kennen alle“, sagt sie trocken, das habe sich geändert. Und wie lästig das ist, das erzählt die Geschichte. „Was suchen Sie denn?“, wird sie von den Supermarktmitarbeitern gefragt. „Artischocken im Glas“, sagt Angela Merkel. Die Supermarktmitarbeiter schauen erst sie, dann die Kollegen ungläubig an. „Artischocken im Glas?“ Inzwischen hat sich der Filialleiter dazugestellt. „Artischocken im Glas? – Aber, liebe Frau Bundeskanzlerin, wir haben selbstverständliche frische Artischocken für Sie!“, sagt der Chef. „Ich will aber Artischocken im Glas“, wiederholt die Regierungschefin. Die frischen seien ihr zu mühselig. Wieder Kopfschütteln beim Personal. Schließlich bekommt sie das Gewünschte. Vor den Journalisten endet die Kanzlerin mit der Bemerkung, dass sei das Anstrengende am Kanzlerin-Sein, dass man alles begründen müsse, sogar, wenn man Artischocken im Glas kaufen wolle.

Das Leben mit der Prominenz bringt natürlich viele Alltäglichkeiten durcheinander. Am Wochenende zieht Merkel sich deswegen gerne in ihre „Datsche“ in der Uckermark zurück. Ein Nachbar wurde von Journalisten einmal bedrängt, er solle doch preisgeben, was ihm auffalle, seitdem sie Regierungschefin sei. Er antwortete trocken: Sie springt nicht mehr so häufig in den See. Anders als andere lässt sie sich nicht offiziell im Urlaub in den Bergen oder auf einer italienischen Insel fotografieren. Allenfalls Paparazzi schießen sie mal heimlich dort ab. Da war Schröder anders und auch die Urlaubsbilder von Helmut Kohl am Wolfgangsee sind ikonografisch geradezu legendär.

Besonders zeigt sich ihre Art, das Persönliche und Private vor einer gierigen Öffentlichkeit zu schützen, in Glaubensdingen. In Kirchen lässt sie sich privat nicht sehen, zumindest nicht so, dass es jemand mitbekäme. Das ist ihr zu aufgesetzt. Einmal hat sie gesagt, dass sie auf eine einsame Insel eine Bibel mitnehmen würde. Mit dem Buch würde ihr bestimmt nicht langweilig. Ein andermal scheint ihr das schon wieder zu bekennerhaft zu sein und sie relativiert das Statement. Ein Handy dürfe nicht fehlen. Und eine Kerze und ein Messer, damit komme man über die Runden.

Auf dem Kirchentag 1995 in Hamburg hat sie noch sehr offen über ihren Glauben gesprochen, damals war sie gerade ein paar Jahre Ministerin unter Kohl und hat sich noch nicht so sehr vor der neugierigen Öffentlichkeit geschützt und sich nicht ins allzu Diplomatische verkrochen. Zwei Arten von Glauben gebe es, sagte sie damals. Sie habe extreme Glaubenshaltungen erlebt, die habe sie schon als Jugendliche abstoßend gefunden. Etwa, wenn jemand einfach sage: „Daran glaube ich“. Sie sei in jungen Jahren auf der Suche gewesen, doch sie habe gewusst, so ein zementierter Glaube könne nicht der richtige sein. „Wir haben das in der früheren DDR sehr oft in Diskussionen, beispielsweise über den Marxismus, erlebt. Da gab es viele, die ich manchmal darum beneidet habe, einfach daran glauben zu können. Nicht nachfragen, einfach behaupten, sich nicht unsicher machen lassen, nicht zweifeln", so beschreibt sie das. „Dieses Handeln beinhaltet dann aber auch einen recht rücksichtslosen Umgang mit anderen, weil dann schnell der Zweck die Mittel heiligt."

Ein anderes Bild von einem Glauben, der ihr mehr zusagt, beschreibt Merkel damals am Beispiel eines Erlebnisses auf ihrer ersten Israelreise als Jugendministerin. Damals besuchte sie das Benediktinerkloster Tapka am See Genezareth. Ein Mönch hat sie besonders beeindruckt. Er führte sie nach draußen. Dieses Erlebnis hat Merkel damals bewegt. „So standen wir in dieser Landschaft mit ihren Hügeln und sahen die fruchtbare Ebene, in der der See Genezareth liegt. Dieser Mönch nun sagte zu uns: ‚Schauen Sie einmal, hier ist Jesus den Berg heruntergekommen, und dann war er hier am See, und wenn Sie jetzt hier in die nächste Bucht gehen, da hat er Petrus getroffen, den Fischer, und da ein Stück weiter, da war die Speisung der 5000, und dann ist er da hinübergefahren, und dort geschah das Erlebnis mit dem Sturm.'" Diese Worte des Mönches hatten eine besondere Wirkung auf Angela Merkel, die sie beschreibt. „Ich habe doch auch die Bibel gelesen, und ich wusste auch, was am See Genezareth geschehen war, aber dass da ein ganz aufgeschlossener Mensch einfach so feststellt, dass hier und da oder genau dort dieses und jenes geschehen ist, das hat mich doch überrascht. Diese Worte müssen etwas mit einem Glauben zu tun haben, der diesem Mann auch im täglichen Leben für seine Arbeit eine große Kraft verliehen hat." Dieses Erlebnis scheint einen guten Eindruck von ihrem persönlichen Glauben zu geben. Sie beschreibt ihn selbst auf dem Kirchentag so: „Dieser Mönch hatte eine Kraftquelle, die mir durch seine Worte deutlich geworden ist. Ich habe ihn ein bisschen beneidet, weil ich mir mit meinem

Glauben nicht immer so klar und sicher bin und ich auch manchmal Zweifel habe."
Vielleicht ist ihre Freude am Singen noch immer der privateste Blick auf Angela Merkel, den sie auch im Kanzleralltag zulässt. Die Kanzlerin singt mit. Das können Menschen vor unterschiedlicher Kulisse immer wieder erleben. Ob beim Empfang der Sternsinger im Kanzleramt oder beim Katholikentag, selbstverständlich auch bei den Gottesdiensten der Politiker, etwa zu Beginn der Parteitage. Andere müde Parteifreunde hocken da noch verschlafen in den Bänken, während die Vorsitzende schon ein Loblied anstimmt. Religiöse Lieder kennt Angela Merkel oft auswendig, und es scheint ihr ein Vergnügen zu sein, mit einzustimmen, wenn andere ihr ein Ständchen bringen. Einmal im Jahr besuchen als Heilige Drei Könige gekleidete Kinder und Jugendliche die Regierungszentrale. Die 27 katholischen Diözesen Deutschlands entsenden Delegationen, die an die Weihnachtsbotschaft erinnern und zu Spenden aufrufen. Die Tradition stammt noch aus Bonner Zeiten, im pompösen Berliner Kanzleramt wirkt der Einzug der buntgewandeten Kinder wie ein starker Kontrast zum grauen Regieren. Kanzler Gerhard Schröder hat die Sitte aufgenommen, Angela Merkel führt sie fort. Liedzettel lehnt sie regelmäßig ab, die meisten Weihnachtslieder trällert sie einfach so fröhlich mit. Die Verblüffung bei Kameraleuten und Fotografen – und den Kindern – ist perfekt, wenn die Kanzlerin sich in den Chor einreiht. Und oft kennt sie nicht nur die ersten bekannten Zeilen, sondern auch mehrere Strophen auswendig. Weihnachtslieder seien ihr sowieso der liebste Liedschatz, bekennt sie einmal in einem Interview mit evangelischen Kirchenzeitungen. „Es kommt ein Schiff geladen", möge sie gern, sagt sie. Als Lieblingslied überhaupt gibt sie „Geh aus, mein Herz, und suche Freud" von Paul Gerhardt an. Aber auch Luthers berühmtes „Eine feste Burg ist unser Gott" schätze sie.

Im Gespräch mit Herlinde Koelbl beschreibt sie 1991, zu einem sehr frühen Zeitpunkt ihrer politischen Karriere, noch sehr unverstellt ihren Zugang zum Glauben. Zunächst erklärt sie, dass „ein Mensch nicht dadurch gläubig wird, dass er im Pfarrhaus aufwächst“[14]. Sie habe ihren Weg selbst entschieden, für diese Freiheit, die ihre Eltern ihr gegeben haben, sei sie dankbar. Dann ihr Credo: „Ich glaube, dass diese Welt begrenzt ist und dass über ihr etwas ist, was die Welt erst erträglich gestaltet, ob wir es nun Gott oder eine übergeordnete Größe nennen. Und dass uns dieses übergeordnete Prinzip zu bestimmten Leistungen fähig macht. Wahrscheinlich ist mein Glaube nicht gerade vorbildlich, denn ich tendiere dazu, an guten Tagen weniger zu glauben als an schlechten Tagen. Aber ich finde es beruhigend, dass es so etwas wie die Kirche gibt. Es entlastet mich und hilft mir, in meiner Begrenztheit gut zu leben. Dass der Mensch sündigen darf und ihm dies vergeben wird, ist für mich eine Erleichterung. Sonst würde man ja verrückt werden.“[15]

Schließlich beschreibt sie ihren praktischen Zugang zum Glauben: „Obwohl ich früher Physikerin war, suche ich in der Kirche nicht das Rationale, weshalb mich Predigten nicht besonders reizen. Was ich suche, ist eher das Emotionale. Ich liebe es zum Beispiel, in Gottesdiensten zu singen.“[16] In ihrer Templiner Heimatgemeinde war sie im Kinderchor. Die Kirchenmusikerin Helena Neumann hatte dort in der evangelischen St.-Maria-Magdalenen-Gemeinde Ende der 1960er Jahre einen neuen Kinder- und Vorschulchor gegründet. Wie die Gemeindechronik vermeldet, war es bisher ungekannt, dass schon Dreijährige mithilfe von Orff-Instrumenten mit Musik in Berührung kommen. Angela Merkels Geschwister Irene und Marcus haben in der Gemeinde auch Instrumente gelernt. Vor einiger Zeit in einem Fernseh-Interview erzählt sie, dass sie den Chor vermisse. Heute trällere sie nur noch

„beim Kartoffelschälen und beim Abwasch". Das reiche ihr eigentlich nicht aus. „Noch mehr Spaß macht es einfach, wenn man es mit anderen zusammen macht."

Doch für Angela Merkel ist Singen nicht einfach nur Trällern, es kann auch Ausdruck ihres Glaubens sein, wie sie wiederholt erklärt hat. Im Zusammenhang mit dem Wert Tradition und mit religiöser Erziehung hat sie das einmal sehr deutlich erklärt. Zum religiösen Wissen gehöre auch eine Fähigkeit, den Glauben in den Alltag zu übersetzen. Wenn dieser Bestand an christlichem Erbe nicht gepflegt werde, werde es auch in den Familien schwer, etwa religiöse Feste in Würde zu feiern. Dazu gehören an zentraler Stelle Lieder, so die heutige Kanzlerin. „Deshalb ist es mir so wichtig, dass wir bei aller Verschiedenartigkeit einfach auch bestimmte Dinge immer und immer wiederholen. Es gibt heute eine Tendenz, dass z. B. auf den Kirchentagen immer neue Lieder gesungen werden. Ich habe manchmal richtig Sehnsucht danach, dass wir wenigstens noch die Lieder singen, die wir früher einmal gekonnt haben, und dass wir auch in diesen Fragen ein Stück Tradition und Beständigkeit pflegen."[17] Angela Merkel sagt das im Juni 2004 auf der Bundestagung des Evangelischen Arbeitskreises, wo sie mit solchen Worten viel Zustimmung erntet.

Bei einigen Protestanten stößt sie mit dem Traditionswunsch vielleicht auf Gegenliebe. In ihrer Einmischung in innerkirchliche Angelegenheiten bleibt sie meistens zurückhaltend. Nur manchmal überrascht sie doch mit einem deutlichen Wort in die eigene Kirche hinein. So wie es mit allen Dingen ist, die den persönlichen Glauben betreffen. Sie sagt selten etwas, dann aber doch oft überraschend offen. So gab sie 2005 der TV-Zeitschrift „Bildwoche" ein Interview und bekannte, dass sie fast jeden Tag bete. Interessant war jedoch ihre Absage an ein Beten für den Wahlerfolg. „Um politische

Ziele zu beten, finde ich unredlich", sagte sie. In ihren Gebeten gehe es um Gesundheit und Kraft. „Den Rest muss ich schon alleine schaffen." Einige Publizisten wollen ihr daraus mangelndes Gottvertrauen ableiten, im Kern verdeutlicht es wieder einmal ihre Trennung von gelebtem Glauben und konkreter Politik.

Sie spricht im Gespräch mit Hugo Müller-Vogg über die Bedeutung des Glaubens und hebt diese über eine rein moralische oder auf sich selbst bezogene Dimension hinaus. Es geht auch ihr um Glaubensvollzug und Praxis. „Der Glaube ist für mich in jedem Fall eine Erleichterung. Dann aber gibt es noch eine ganz andere Ebene, die bei mir eine Rolle spielt: Es macht mir Spaß, in der Gemeinschaft eines Gottesdienstes mitzusingen. Das hat etwas Befreiendes."[18] Von ihrem Vater wird berichtet, er habe in der Pfarrkirche in Templin auch moderne Dinge ausprobiert. Er, der nicht der Ortspfarrer war, kam von der Enklave, dem Waldhof, und zeigte der Gemeinde einmal, dass es auch anders geht. Sonderlich begeistert seien seine neuen Predigtansätze, bei denen auch das Gottesvolk zu Sprache kommen sollte, in dem eher konservativ-protestantischen Milieu aber nicht angekommen, heißt es von Zeitzeugen. Wie seine Tochter damals als Jugendliche und junge Frau über die Experimentierfreude ihres Vaters gedacht hat, ist nicht bekannt. Nur dass sie zu den Kindergottesdiensten ging, ist überliefert.

Auch wie ihr Gottesdienstbesuch während des Studiums in Leipzig und später in Berlin ausgesehen hat, will keiner so genau wissen. In der Gethsemane-Gemeinde, zu der sie sich zugehörig fühlte, war sie wohl eher nicht jeden Sonntag zu sehen. Umso erstaunlicher erscheinen die Überlegungen von Angela Merkel beim Evangelischen Kirchentag 2005 in Hannover. Dort widmet sie sich einem alttestamentlichen Stück. Und es kommt zu einer denkbar starken Auseinandersetzung mit protestantischer Gegenwart. Sie analysiert den Prophetentext Maleachis und legt seine Mahnung angesichts einer gottlosen Umgebung dar. Bei aller Vorsicht überträgt sie die 2500 Jahre alte Geschichte auch auf die Jetztzeit des Glaubens und fragt nach der heutigen Präsenz Gottes. „Leben nicht die meisten Menschen in unserem Land und in Europa längst, als wenn Gott abwesend wäre?“ Der Prophet wolle an Gott erinnern, das sei heute ebenso nötig, sagt sie. „Ich frage mich vor dem Hintergrund dieser prophetischen Mahnung heute auch: Haben wir – gerade auch wir deutschen Protestanten – überhaupt noch ein rechtes Bewusstsein davon, dass ein lebendiger Glaube neben ethischer Gesinnungsforderung und gesellschaftlich-politisch geübter Verantwortung – was alles wichtig ist! – auch wesentlich etwas mit ‚Kultus‘ zu tun hat?“

Die – was Glaubensdinge angeht – oft als so zurückhaltend empfundene CDU-Vorsitzende fährt hier eine deutliche Kritik der religiösen Realität in Deutschland auf. Und obwohl gerade sie so wenig im religiösen Kultus sichtbar ist, verlangt sie nach Kultus statt nach Moral oder gesellschaftlichem Handeln. Soll hier die Religion, vielleicht sogar die Kirche, aus der Politik herausgedrängt werden? Oder ist es nicht vielmehr die Erkenntnis, dass eine Religion von der Praxis ihrer selbst – das heißt etwa dem Gottesdienst – wieder neu belebt werden müsste? Kultus hat ihrer Meinung nach, „mit gelebten und gefeierten und im Gottesdienst sinnlich erfahrbaren Ritualen“ zu tun, „mit der Pflege von Frömmigkeitspraxis, mit Gebeten, mit gelerntem und verinnerlichtem Katechismus, Liedern und Bibelstunden“. Weiter fragt sie, ob sich das denn in den Gemeinden überhaupt noch finden lasse. Sie schließt ihr Plädoyer mit dem Satz: „Wie pflegen wir unsere diesbezügliche Identität? Glaube, gerade auch wenn er den kommenden Generationen weitervermittelt werden will, bedarf auch der

Formgebung und der bewusst liebevollen Gestaltung." Kritiker mögen einwenden, diese eher konservativ-religiöse Darlegung entstamme der Feder eines Redenschreibers im Konrad-Adenauer-Haus, der mit der Zunge seiner Chefin Kirchenpolitik betreiben will. Wie weit sie sich solche Sätze diktieren lässt, ist fraglich.

Sicher sagt sie dies nicht ohne eine weitgehende Übereinstimmung. Ein Liebäugeln mit dem Katholizismus lässt sich daraus nicht ableiten. Der Pomp der römischen Kirche soll, so sagen Vertraute, ihr immer sehr fremd geblieben sein, wenngleich sie trotz allem eine gewisse Wertschätzung für Papst Benedikt XVI. zeige. Ihr gefällt seine Betonung der Vernunft im Nachdenken über den Glauben. Und vom Zeremoniell nach dem Tod von Johannes Paul II. und der Wahl des neuen Kirchenoberhauptes soll auch die uckermärkische Protestantin sich habe beeindrucken lassen, wissen Begleiter. Die Oppositionsführerin war damals spontan noch mit Kanzler Schröder und Innenminister Otto Schily in der Regierungsmaschine mitgeflogen. Ein ungewöhnlicher Vorgang für ein welthistorisches Ereignis. Es bleibt eine Liebe zum Singen, eine Freude am gemeinschaftlich gefeierten Gottesdienst und dem Wissen um die Wichtigkeit von Kultus und Ritual für den Glauben und die Weitergabe des Glaubensgeschenks – alles das Eigenschaften, die Angela Merkel im gewohnten Bild oft nicht zugetraut werden. In der „Politikerbibel", die 2006 zum zweiten Mal von Karl Jüsten und Stephan Reimers herausgegeben wurde, kommentieren Politiker Bibelstellen. Angela Merkel wählt ihren Konfirmationsspruch. Er lautete: „Nun aber bleiben Glaube, Hoffnung, Liebe. Diese drei. Aber die Liebe ist die größte unter ihnen" (1 Korinther 13,13). Sie schreibt dazu: „Der Glaube ist das sichere Vertrauen auf Gott, zu dem der Mensch im Leben immer wieder Zuflucht nehmen kann. Die Hoffnung ist genau diese feste Zuversicht auf das, was von Gott an Heilsamem zu uns kommen wird, ohne jedoch schon gegenwärtig und erfahrbar zu sein. Die Liebe aber ist die entscheidende Kraft, die uns Gottes Nähe wirklich erfahren lässt, uns füreinander öffnet und uns über uns selbst und unsere alltäglichen Sorgen und Probleme hinaushebt. Sie ist das Band, das alles zusammenhält. Ohne sie wäre unser Leben arm, ziellos und ohne Perspektive." Den Konfirmationsspruch hat sie sich seinerzeit selbst ausgesucht. In einem Interview kommentiert sie ihn einmal so: „Ich finde, dass in diesem Spruch zum Ausdruck kommt, dass die Hinwendung der Menschen zueinander oder eines Menschen zu einem anderen eigentlich das ist, was das Leben prägen sollte, nicht Abneigung oder immer das Schlechte, sondern das Gute im Menschen suchen. Das war auch immer meine Lebensmaxime."[19]

Hamburgerin auf dem Land

Wie man mit Wurzelwerk umgeht, das lernt Angela Merkel früh. Ihr Lehrmeister ist der Gärtner des Waldhofs; dort am Rande von Templin in der Uckermark wächst die gebürtige Hamburgerin auf. Es ist ein Hof im wahrsten Sinne des Wortes, ein großer landwirtschaftlicher Betrieb, auf dem gepflanzt und geerntet wird, gefüttert und geschlachtet. Die heutige Bundeskanzlerin erlebt eine Kindheit und Jugend nicht nur sehr naturnah und naturverbunden, wie schon oft geschrieben wurde, sondern direkt auf einer Art Bauernhof. Sie selbst hat diese persönliche „Wurzel" immer betont, wenn man überhaupt sagen kann, dass sie persönliche Dinge mit Betonung kundtut. Der Waldhof war und ist ein von der evangelischen Stephanus-Stiftung betriebenes Behindertenheim mit Wohnungen und Werkstätten. In den 1960er Jahren war der landwirtschaftliche Charakter noch deutlicher zu sehen, der eben auch der Selbstversorgung der Bewohner dieser ungewöhnlichen Insel im sozialistischen Meer diente. Ein ehemaliger Schulkamerad, Sohn des Pfarrers von Templin, erinnert sich an frisch geschlachtete Schweinehälften, die noch dampfend auf dem Hof hingen.

Angela Dorothea Kasner, später verheiratete Merkel, wird am 17. Juli 1954 in Hamburg als erste Tochter der Lehrerin Herlind Kasner, geborene Jentzsch, und des Theologiestudenten Horst Kasner geboren. Auf dem Waldhof bei Templin leitete Vater Kasner ab 1957 das Pastoralkolleg, eine Fortbildungseinrichtung für evangelische Theologen, zudem ein besonderer Ort der evangelischen Kirche in der DDR. Das Elternhaus diente gleichzeitig als Seminargebäude. Im Erdgeschoss waren die Schulungsräume, in der ersten Etage wohnte die Familie, unter dem Dach waren Untermieter einquartiert.[20] Dort im

Haus von Kasners gab es Bücher, die es weder zu kaufen gab noch alle erlaubt waren. Wegen einer Schrift von Andrei Sacharow beschäftigte sich unter anderem die Staatssicherheit mit dem ungewöhnlichen evangelischen Theologen. Sacharow war für die kritischen Kreise der DDR eine wichtige Figur, da er sich sozusagen vom kommunistischen Saulus zum regimefeindlichen Paulus gewandelt hatte. Im Pastoralkolleg waren bekannte Persönlichkeiten der evangelischen Kirche zu Gast, und auch prominente Theologen aus dem Westen reisten an.

Wer über die Wurzeln von Angela Merkel spricht, muss zunächst diese drei Erfahrungsbereiche in den Blick nehmen: das evangelische „Pfarrhaus", in dem sie aufwuchs, die Erfahrungen im Umgang mit Behinderten und die Liebe zur Landwirtschaft, zu Garten und Natur. Das alles steht zunächst noch vor dem Leben in der DDR als Diktatur – wenngleich das gewiss schwer strikt zu trennen ist. Beim Evangelischen Kirchentag 1995 spricht die Umweltministerin aus dem Kabinett von Helmut Kohl über „persönliche Vorbilder". Heute wäre so ein Vortrag kaum mehr denkbar; zu sehr hat sie sich inzwischen zurückgezogen und schützt sich vor allzu privaten Einblicken. Damals berichtet sie: Ihr erstes Vorbild war ein Gärtner des Waldhofs. Er war nicht nur einfach ein Gärtner, Angela Merkel beschreibt diese Person als ganz besonderen Menschen. Er war ihr früher Lehrmeister – nicht nur im „Pikieren der Pflanzen", das heißt im Beschneiden des Wurzelwerks und im Umtopfen. Er ist ihr Vorbild, was den Umgang mit Zeit angeht, mit Menschen und mit Pflichten und Regeln. Es ist eine eindrückliche Passage, in der sie 35 Jahre später in Hamburg ihn vorstellt: „Dieser Gärtner, ein stämmiger, älterer Mann, hat mir ein großes Grundvertrauen, eine große Ruhe eingeflößt. Er hatte immer Zeit, was ich am schönsten fand, denn meine Mutter hatte nicht immer Zeit, mein Vater schon gar nicht. Aber dieser Mann, der eigentlich viel Arbeit hatte, fand trotzdem Zeit für mich. So konnte man von ihm allerhand über das praktische Leben erfahren. Beispielsweise habe ich gelernt, wie man Blumenpflanzen pikiert oder wann die Alpenveilchen gut sind. Ich habe von ihm gelernt, mit den geistig Behinderten zu sprechen. Es war eine unglaublich warme, vertrauensvolle, gute Atmosphäre, in der ich schmutzige Möhren essen durfte, in der ich faul sein durfte, in der ich sogar einmal einen Schluck schwarzen Tee bekommen habe. Es war gut."[21]

Politikerreden sind immer mit Vorsicht zu genießen. Zum einen, weil sie zumeist einen Zweck erfüllen sollen, das Gesagte steht also nicht für sich allein. Zum anderen sind diese Reden häufig nicht von demjenigen verfasst, der sie auch vorträgt. Und dennoch lässt sich auch bei solchen Texten immer wieder die wahre Person dahinter entdecken. Diese Rede auf dem Hamburger Kirchentag ist so persönlich, dass sie kaum von einem anderen geschrieben worden sein kann. Und sie ist in Teilen so entwaffnend, dass sie auch nicht nur als belanglose Anekdote abzutun ist.

Viele westdeutsche Politiker haben solche und ähnliche Äußerungen der jungen Politikerin aus dem Osten in den ersten Jahren nach der Wende angekreidet. Sie seien unprofessionell und unüblich. Andere haben nur gelacht. Von ihr sei keine Karriere zu erwarten. Sie selbst, diejenige, die heute manchmal als „kalt" beschrieben wird, hat damaligen Mitstreitern, wie etwa ihrem Förderer Lothar de Maizière, vom „Frösteln" in Bonn berichtet. Ihre Offenheit wurde mit Ablehnung bestraft; ein Grund dafür, warum sie heute verschlossener erscheint als alle anderen Spitzenpolitiker. Dies gilt für persönliche und private Dinge, aber auch und besonders für religiöse Fragen und Glaubenssachen.

„Dieser Mann hat bei mir das Gefühl der Verbundenheit zur

Erde, zum Boden, zur Natur geweckt. Ich spüre auch heute selber, wie wichtig Zeit ist – neben allen anderen Gütern, die man hat –, manchmal habe ich sie leider nicht. Ich habe mich viele Jahre an den Mann nicht erinnert, aber in letzter Zeit fällt er mir wieder immer öfter ein."[22] Es gehört wenig dazu, in dieser Figur eine Art zweiten Vater zu erkennen, eine Art Gegenbild zu Horst Kasner.

Der Vater, Theologe und Kirchenpolitiker, strenger Protestant und disziplinierter Preuße, gehört natürlich auch zu ihren Vorbildern. Manche sehen in ihm die zentrale Figur zum Verständnis der heutigen Bundeskanzlerin. Seinetwegen und wegen seiner beruflichen Entscheidung wuchs Angela Merkel in der atheistischen DDR auf, seine Haltung zum SED-Staat prägte ihr Leben, das zwischen Abgrenzung und Anpassung zu beschreiben ist. Zunächst aber hing die Tochter an ihrem Vater, wie sie immer wieder berichtet hat. „Er hat immer viel gearbeitet. Arbeit und Freizeit flossen bei ihm zusammen, und manchmal hat er sich mit der Arbeit vielleicht auch von den Familienpflichten ferngehalten. Er ist emsig und sehr gründlich. Leider. Als Kind war es nicht einfach, wenn alles immer ordentlich und perfekt sein musste. Er kann auf Menschen zugehen und mit ihnen gut ins Gespräch kommen."[23] Doch für die Tochter ist die Mischung aus Strenge und Weltläufigkeit als Kind auch eine unangenehme Erfahrung. „Was mich als Kind manchmal fuchsig gemacht hat, war seine Art, verständnisvoll gegenüber jedermann zu sein. Aber wenn wir selbst etwas verbockt hatten, reagierte er völlig anders."[24]

Er sagt sogar von sich selbst im Nachhinein, er sei zu streng gewesen mit seinen Kindern. Der Garten des Waldhofs und der Gärtner waren Fluchtmöglichkeiten aus der Welt des Vaters, die immer auch mit Kampf und Disziplin zu tun hatte, mit Politik und Theologie, mit Ansprüchen und Anfeindungen. Später wird Angela die beste Schülerin ihrer Schule sein,

Gewinnerin von Mathe- und Russisch-Olympiaden, dennoch als Tochter des „Pfarrers“ auch „immer Außenseiterin“[25]. „Ihr müsst besser sein als alle anderen, sonst lassen sie euch niemals studieren“[26], mit diesem Satz soll Mutter Kasner ihre Kinder morgens losgeschickt haben in die feindliche Umgebung außerhalb der Waldhof-Insel. Doch das Kasnersche Elternhaus muss man sich wohl auch jenseits der Politik als bürgerlich und streng vorzustellen haben. Da gab es keine „schmutzigen Möhren“ und „Faulsein“ schon gar nicht. Der Umgang mit den Behinderten kam hinzu und bildete das Gegenbild zu den Ansprüchen der Eltern. Das Zusammentreffen mit den behinderten Bewohnern des Waldhofs sei für sie normal gewesen, berichtet Angela Merkel. Sie lernt Fröhlichkeit und erfährt, dass diese nicht an Gesundheit oder Erfolg gekoppelt ist, so beschreibt sie es. Sie lernt aber auch das Füreinander-Einstehen. „Da war ein Mann aus dem Heim, der immer die Kohlen gebracht hat und viel in unserem Garten geholfen hat. Ich weiß noch – er war sehr nett, aber er wollte unbedingt ein Leutnant sein. Und wenn er in der Stadt war, hat er immer versucht, so zu tun, als sei er wirklich einer. Die Leute haben ihn dann ausgelacht, und wir mussten ihn ein bisschen in Schutz nehmen, damit er sich nicht lächerlich machte.“[27]

Angela Merkel ist in ganz verschiedenen Wirklichkeiten aufgewachsen, das Jonglieren mit variablen Lebensnischen hat sie von klein auf gelernt. Das beherrscht sie. Dem Ideologisierungsapparat der Außenwelt zu widerstehen, das wollte gelernt sein. Deswegen brachte der Vater ihr und ihren Geschwistern eine besonders scharfe Rationalität bei. Logisches Denken und Argumentieren als Gegengift zu Propaganda und Parteilügen. Das beschreibt sie immer wieder als das wichtigste Merkmal ihres Elternhauses. „Mein Vater hat auf die logische Strenge Wert gelegt, auf die Klarheit der Argumente“, berichtet sie über ihre Kindheit. „Den Unterschied zwischen einer Erörterung und einer Erzählung" habe sie nicht in der Schule, sondern bei ihrem Vater gelernt[28], gibt sie als Beispiel an. Dieser Rationalismus ist bei ihr lebendig bis heute, und er steht von Anfang an neben dem Glauben, vielleicht auch im Widerstreit mit ihm, nicht prinzipiell gegen ihn.

Oft wird Angela Merkel als die Naturwissenschaftlerin beschrieben. Die Physikerin an der Macht sei die treffendste Beschreibung ihres Charakters, heißt es. Das verkennt, dass die nüchterne und strukturierte Herangehensweise bei ihr gerade aus dem Pfarrhaus erwachsen ist und nicht nur aus dem späteren Studium. Theologie wollte sie nicht studieren, das hat sie immer wieder betont. Das wäre unter den Bedingungen der DDR noch möglich gewesen, mit den Freiheiten der Kirche. Lehrerin zu werden hingegen, wie es ihre Mutter war, das wird ihr unter den gegebenen Verhältnissen kaum als machbar erschienen sein. Dass sie sich aber gleichwohl hätte vorstellen können, Lehrerin zu werden, hat sie durchblicken lassen. Die Physik war demnach nicht ihre angeborene große Leidenschaft. Es war sogar ein gewisser Trotz dabei, denn in der Schule liebte sie das Fach nicht sonderlich. Vielmehr waren die Naturwissenschaften eine willkommene Nische für kritische Geister in der Diktatur. Das Rüstzeug hatte ihr der Vater, der Theologe, mitgegeben. Sie selbst meint, die sehr logische und rationale Herangehensweise an die Dinge sei „für ein Pfarrhaus eher untypisch"[29] gewesen. Doch möglicherweise ist das für die Situation in der DDR gerade nicht der Fall. Das Argument, der eigene Gedanke boten den besten Schutz gegen die Ideologie. So berichtet ein Weggefährte von ihr aus der späteren Berliner Zeit, der selbst aus evangelischem Pfarrhaus stammt und evangelischer Pfarrer geworden ist, das logische Denken sei gerade in Theologenhaushalten der DDR besonders kultiviert worden. „Sie wollten uns das austreiben, den klaren Blick auf die Wirklichkeit, deswegen haben meine Eltern versucht dagegenzuhalten."[30] Die evangelischen Pfarrhäuser waren ein Hort von Bürgerlichkeit, konservativer sicher als ihre westdeutschen Pendants, Träger des „Kulturprotestantismus"[31], wie Jacqueline Boysen es ausdrückt. Sie waren ein Ort der Bildung, die nicht staatlich organisiert war, ein Ort, an dem rationales und schnelles Denken zu Hause war. „Bei den Mathe-Olympiaden waren wir Pfarrerskinder unter uns", meint auch der Berliner Theologe, der Angela Merkel von einem Gesprächskreis im Prenzlauer Berg her kennt. Er selbst schaffte es bei dem landesweiten Mathe-Wettstreit allerdings nicht so weit wie Angela Merkel, die – amtlich bestätigt – zu den Besten der DDR gehörte. Lothar de Maizière bescheinigt ihr nach der Wende, als er sie persönlich kennengelernt hatte, als wichtige Qualifikation: „Sie verstand sich auf die Gesetze der formalen Logik, konnte notwendige Bedingungen für bestimmte Ursachen benennen."[32] Das sei allein schon in der aufgebrachten politischen Zeit 1990 keine Selbstverständlichkeit gewesen. Ihre Strenge sei durch und durch protestantisch, sagt der ehemalige Ministerpräsident im Rückblick.

Der Waldhof also bot beides: das naturnahe und warmherzige Aufwachsen in einer Familie und einen Großbetrieb mit ganz unterschiedlichen Persönlichkeiten. Die strenge Schule eines preußisch-protestantischen Geistes, des Theologen und politischen Kopfes Horst Kasner. Zu Hause am Küchentisch sei fortwährend diskutiert worden, berichtet die Tochter. Die Mutter war vielleicht die Vermittlerin zwischen den Polen. Wie grausam die Welt sein kann, das aber lernt sie schon als Kind, wenn beispielsweise einige Spielkameraden nicht zu ihr durften. Wegen der „Bekloppten", wegen der Kirche oder wegen des Vaters. Justus Schwer durfte kommen. Er war der Sohn des Ortspfarrers von Templin. Er teilte das Schicksal der

Kasner-Kindern in mehrerer Hinsicht. Auch sein Vater war von Westen nach Osten gegangen, auch sein Vater Theologe, auch er teilweise ausgegrenzt in der realsozialistischen Welt wegen dieses vermeintlichen Makels. Aber sie teilten eben auch vieles Schöne, die Kindergottesdienste, die Christenlehre nach der Schule, die den Religionsunterricht ersetzte. Und das Spielen auf dem Waldhof. Schwer erinnert sich an das „Kinderparadies" mit den Tieren, dem vielen Platz – und der relativen Freiheit. „Es war unser Abenteuerspielplatz."[33] Horst Kasner, Angela Merkels Vater, Jahrgang 1926, stammt aus Berlin-Pankow. Im Osten konnte er nicht Theologie studieren, deswegen zog er zunächst nach Heidelberg, dann nach Hamburg. „Er war in den Westen gegangen mit der festen Absicht wiederzukommen"[34], sagt die Tochter viele Jahre später gegenüber der Journalistin Evelyn Roll. Er habe sich seiner Landeskirche verpflichtet gefühlt, heißt es, im Osten herrschte ein Mangel an Pfarrern. Er war überzeugt, auch in der DDR müsse es Pastoren geben. „Dass ich in Hamburg geboren bin, verdanke ich meiner Mutter, die nicht sechs Wochen vor meiner Geburt umziehen wollte", ergänzt die Tochter.

1954 tritt der Theologe seine erste Stelle als Jugendpfarrer in der brandenburgischen Prignitz an, in Quitzow bei Perleberg. Er zieht mit seiner Familie in den Osten zu einer Zeit, in der viele Hunderttausende, bis zum Bau der Mauer waren es über 2,7 Millionen, den umgekehrten Weg wählen und nach Westen flüchten. Unter evangelischen Theologen war dieser Weg allerdings keine Ausnahme. Es waren einige, die Pfarrstellen in der DDR annahmen. „Ich wäre auch nach Afrika gegangen, wenn man mich geschickt hätte", beschreibt Horst Kasner die Entscheidung. Er sieht es als einen Dienst an der Kirche Jesu Christi, nicht als eine Entscheidung für den Sozialismus. Später schließt er sich dem Weißenseer Kreis an, der den Begriff von der „Kirche im Sozialismus" für sich reklamiert, da gilt er als der „rote Kasner“, der die DDR-Staatlichkeit im gewissen Rahmen bejaht, wie es der Politikwissenschaftler Gerd Langguth beschreibt.[35] Doch zunächst war dieser Schritt nicht nur Idealismus, sondern auch persönlich naheliegend – trotz des Kirchenkampfs im Osten. Seine Kirche hatte ihn gerufen, Bischof Hans Otto Wölber aus Hamburg hatte ihn über die freien Stellen in seiner alten Heimat informiert. Auch gab es einen Aufruf der evangelischen Bischöfe, sich im Osten zu engagieren. Angela Merkel ist zugezogene Ostdeutsche.

In einem kleinen Ort wie Templin weiß man, woher die Leute kommen, ob aus der Kreisstadt, aus dem Nachbardorf – oder eben ganz aus der Fremde. So ist die Familie Kasner auch aus ganz anderen Gründen zunächst neu und anders in Templin – ganz abgesehen von der umgebenden Diktatur und der herrschenden Kirchenfeindlichkeit. Templin folgt auf Quitzow, nach dem Dorf eine stolze Stadt mit Stadtmauer und prächtiger Altstadt. Der Krieg hatte allerdings massive Zerstörungen hinterlassen. 1957 schickte der damalige Generalsuperintendent und spätere Bischof Albrecht Schönherr Horst Kasner auf den Waldhof, nahe vor der Stadtmauer Templins gelegen, um ihn dort eine Fortbildungsstätte für evangelische Pfarrer aufbauen zu lassen. Es sollte Kasners Kolleg werden, ein Lebenswerk. Nach ihm, im wiedervereinigten Deutschland, wurde diese Bildungseinrichtung bald geschlossen. Nahezu jeder Brandenburger Theologe der damaligen Zeit kannte den Waldhof und verband ihn mit der Person Kasners, die mal als streitlustig, mal als anregend beschrieben wird. Wohl kaum einen ließ sie unberührt. Kasner war einer der intellektuellen Köpfe der Berlin-Brandenburgischen Kirche. Die Stasi soll versucht haben, ihn zu werben, wohl ohne Erfolg. Sicher ist, dass er sich mit dem Staat arrangiert hat, ihn in gewisser Weise als Realität anerkannt hat. „Er wollte, dass sich die Kirche an der

Realität orientiert, um gleichsam nicht immer in der Fremde zu leben"[36], so sagt es seine Tochter.

Ein Pfarrer, der in den 1980er Jahren einmal im Jahr zum geistigen Auftanken im Waldhof zu Gast war, beschreibt im Gespräch die Konflikte mit Kasner und gleichzeitig den Nährboden dort, der wichtig gewesen sei, um sich auch in der DDR wachzuhalten. „Wir waren alle nicht gegen den Sozialismus", sagt er. „Verändern wollten wir ihn", erinnert er sich. Doch gekracht habe es dennoch immer wieder in den Diskussionen mit Kasner. Die Beurteilung Dietrich Bonhoeffers, der für viele eine zentrale christliche Figur und ein Vorbild war, dessen, wie man auch sagen könnte, Vereinnahmung durch politische Gruppen, das seien Konfliktpunkte gewesen. Diejenigen, die enger an den Staat rücken wollten, bezogen sich auf den Theologen und Widerstandskämpfer, die anderen auch, sie forderten eine Widerständigkeit nach dem Vorbild Bonhoeffers. Als sich im Prenzlauer Berg in den evangelischen Gemeinden die Opposition formierte, war draußen im Waldhof davon noch nichts zu spüren, so der Vorwurf manches Kasner-Schülers. Was die politische Bewertung der Person Kasners und seine Haltung zum Staat versäumt, ist seine Würdigung als geistige und theologische Persönlichkeit. Einige wenige ihrer engeren Vertrauten soll Merkel einmal zum Besuch nach Templin geschickt haben. Und sie erlebten einen über 80-jährigen, noch immer engagierten Protestanten, der sich für den Wiederaufbau eines kleinen Kirchleins im Grünen einsetzt.

Dort, in dem Dörfchen Alt Placht, nimmt er sich jetzt der Ruhe suchenden Berliner an, die sich dort trauen lassen möchten oder für ihr Kind die Taufe erbeten. Doch ganz so einfach ist das bei Horst Kasner nicht, so berichten die Besucher. Er verbindet das Gespräch immer mit einer kleinen Katechese, keiner der gottentwöhnten Hauptstädter gehe nach

Hause ohne kleine Merkkärtchen mit den wesentlichen Inhalten des Glaubens. So oder ähnlich muss auch die religiöse Erziehung der Bundeskanzlerin ausgesehen haben.
Manch einer, der den Vater aus der Zeit des Pastoralkollegs kannte, lernte Angela Merkel in ihrer Berliner Zeit nach dem Studium kennen. In den so wichtigen 1980er Jahren war sie eher unpolitisch. Aber sie war und blieb, weniger in Leipzig während ihres Studiums als nach dem Umzug nach Berlin, Tochter eines prominenten Theologen. Sie hielt sich weiter auch im kirchlichen Umfeld auf. Der Name ihres Ehemannes, den sie nach der Trennung beibehält, schützte sie etwas vor der Entdeckung. Sie war nicht nur Pfarrerskind, sie war eben Tochter von Horst Kasner, das hat sie geprägt, alles Kirchliche war in ihrem Leben von jeher sehr öffentlich, sodass sie sich später die Freiheit nahm, Glaube und Religion endlich in den Schonraum des Privaten zu verschieben. Zumindest muss es auch persönlich sein, bevor es öffentlich werden kann. Vermutlich hat das der jungen Angela Kasner auch gefehlt. Sie beschreibt ihre Prägung im Gespräch mit Hugo Müller-Vogg: „Weil mein Vater Pfarrer war, hatten wir Kinder einen ganz natürlichen Bezug zur Kirche. Wir waren einfach christlich, ohne das besonders zu reflektieren. Das war einfach Teil des Lebens. Professionalität und Christ-Sein gingen ineinander über.“[37] Auf die Frage, warum man ihr das Pfarrerskind nicht anmerkt, antwortet sie: „Was ist schon das typische Pfarrerskind? Ich komme auch nicht aus einem typischen Pfarrhaus, weil mein Vater während meiner ganzen Kindheit in der Weiterbildung für Pfarrer tätig war, also ein Seminar geführt hat. Es gab also nicht das klassische Gemeindeleben drum herum. Wohl aber gab es eine gewisse Gelassenheit.“[38]
In einem Zeitungsbeitrag für ein evangelisches Sonntagsblatt beschreibt sie noch deutlicher ihren Hintergrund: „Ich bin in einer Familie groß geworden, in der das Christliche nicht nur

den Lebensort, sondern auch die Lebenseinstellung prägte."[39] Um 18 Uhr läuteten auf dem Waldhof die Glocken, dann mussten die Kasner-Kinder zum Abendbrot erscheinen. Angela Merkel erzählt in einem Interview von diesem Ritual, es sei ihr lästig gewesen, sagt sie. „In Pfarrhäusern war auch das Tischgebet sehr üblich", sagt Justus Schwer, der sich daran erinnert. Angela Merkel wächst religiös auf, mit einer religiösen Selbstverständlichkeit, die durch die DDR-Realität immer wieder in Bedrängnis gerät, aber doch nicht beiseitegeschoben werden kann. Jeden Sonntag wurde in der Templiner St.-Maria-Magdalenen- Kirche um 11 Uhr der Kindergottesdienst gefeiert.

Damals, in den 1960er Jahren, saßen die Mädchen und Jungen noch getrennt, links im Kirchenschiff hockte Angela. Die Katechetinnen, die auch die Christenlehre unterrichteten, bereiteten den Gottesdienst mit vor. Meist ging es um die anschauliche Darstellung biblischer Geschichten. „Wie mit der Muttermilch haben wir das Evangelium so aufgenommen", sagt der Altersgenosse Justus Schwer. „Was du in der Jugend deinem Herzen einprägst, das wird dein unverlierbarer Besitz, das arbeitet an deinem Geist und an deiner Seele, das wird dir zu einer Lebenskraft. Was du nicht in deiner Jugend lernst, das geht dir später nur sauer ein, und leicht bleibt dein Herz arm und leer." Mit diesen Worten beginnt das Buch „Schild des Glaubens", mit dem Angela Merkel in der Christenlehre die biblischen Geschichten kennengelernt hat. „Wir haben vor allem die Zeichnungen von Paula Jordan geliebt", berichtet Justus Schwer. Es sind Federstrichzeichnungen des biblischen Geschehens, die von den Schülern gerne ausgemalt wurden. „Diese Bilder waren sehr einprägsam und nicht so kitschig, wie es heute oft aussieht." Der Titel „Schild des Glaubens" scheint die Situation auch von Angela Merkel zu beschreiben. Der Glaube war eine Bastion gegen die ideologischen Angriffe der Umgebung. Die Christenlehre in den Räumen der Gemeinde ersetzte seit Ende der 1950er Jahre den Religionsunterricht in der Schule, den die DDR-Machthaber verboten hatten.

Diese Zeit war von einem aggressiven Kirchenkampf geprägt, Pfarrer wurden verhaftet, viele Mitglieder traten infolge der Propaganda und des Drucks aus der Kirche aus, vor allem die kirchliche Jugendarbeit wurde stark behindert. In den 1960er Jahren hatte sich die Aggression abgeschwächt, war aber dennoch zu spüren. Justus Schwer erzählt, wie er als Kind Angst vor dem Schulweg hatte, weil Mitschüler ihm auflauerten und mit Schneebällen traktierten. Der Grund: Er war das Kind vom Pfarrer. Angela Merkel beschreibt sich auch selbst als Außenseiterin, die weniger Freunde hatte, aber auch die Neugierde der Mitschüler provozierte. In einem Interview mit der Zeitschrift „Brigitte" erinnert sie sich an dieses Lebensgefühl, am Rande und doch im Mittelpunkt der Aufmerksamkeit zu stehen: „Ich bin ja immer aufgefallen. So unscheinbar konnte man gar nicht sein. In der Uckermark reichte es schon, wenn man – wie ich – Kunstpostkarten gesammelt hat. Insofern: Ich konnte schon damit umgehen aufzufallen." Und dann fügt sie lapidar an: „Es war eher so, dass ich anfangs im Westen weniger aufgefallen bin."[40] Sie lässt offen, ob aus Tarnung, aus Vorsicht oder schlicht unbeabsichtigt.

In ihrer Kindheit fiel sie also wegen ganz verschiedener Dinge auf, wegen überragender Leistungen in der Schule, wegen ihres Elternhauses, wegen der besonderen Wohn- und Lebenssituation, auch wegen der Kleidung aus dem Westen, die sie fast ausschließlich trug. Doch der Glaube und die Religion im engeren Sinne haben sie als Kind nicht an erster Stelle und nicht allein zur Außenseiterin gemacht. Auf die Frage, ob sie darunter gelitten habe, in der kirchenfeindlichen Umgebung Pfarrerstochter gewesen zu sein, antwortet sie: „Diese Phase war viel positiver, als dass sie beschwerlich war."[41] Allerdings räumt sie ein, dass es auch Phasen der Beschwernis gegeben hat. Sie habe aber nicht darunter gelitten, deswegen keine Freunde gehabt zu haben. Die Christenlehre besuchte Anfang der 1950er Jahre in der Uckermark noch die Mehrheit einer Klasse, und auch in den 1960er Jahren war Angela Merkel in ihrer Klasse bei Weitem nicht die Einzige. Ein evangelisches Gemeindeglied erinnert sich, dass mindestens die Hälfte der Klasse Anfang der 1960er Jahre noch an der außerschulischen Christenlehre teilnahm. Angela Merkel selbst meint, dass es in ihrer Klasse ein Drittel der Schüler gewesen sei, das die Christenlehre aufsuchte. Ende der 60er sei die Situation schon dramatischer gewesen. Da habe sein Sohn, so berichtet das Gemeindeglied, allein vor der ganzen Klasse aufstehen müssen, da er noch zu den „Rückwärtsgewandten" gehört habe. Angela Merkel besuchte von 1960 bis 1966 die religiöse Unterweisung. Ab der sechsten Klasse löste der Konfirmandenunterricht die Christenlehre ab. Er fand dann zweimal die Woche statt und wurde von einem Pfarrer gegeben. Die Statistik für die DDR insgesamt weist einen starken Rückgang der Teilnehmerzahlen bei der Christenlehre bis 1960 auf, doch dann stabilisiert sich die Entwicklung um die 30 Prozent. Den Tiefpunkt erreicht die Zahl, auf die ganze DDR gerechnet, mit knapp 20 Prozent um 1975. Vielleicht war Christenlehre in der Kindheit und Jugend von Angela Merkel schon Minderheitenprogramm, aber es wird noch eine starke Minderheit gewesen sein. Doch war das Leben in dem evangelischen Gebiet um Berlin noch nicht so stark entkirchlicht wie am Ende der DDR. Justus Schwer schätzt, dass in seiner Klasse von 36 Schülern sogar 22 zur Christenlehre-Gruppe im Gemeindehaus neben der Kirche gehörten. Es ist kein weiter Weg von der Goetheschule, die Schwer und Merkel besuchten, bis zur Kirche in der Martin-Luther-Straße, nur wenige hundert Meter, die die Gruppen meist gemeinsam gingen. Es wird ein vertrauter Weg gewesen sein, ein Weg, der Normalität war.

Schwer war eine Klasse unter Merkel und mit ihrem Bruder befreundet. Kirche war noch Normalität in der Kindheit und Jugend von Angela Merkel, eine Normalität mit Hindernissen, aber doch noch eine Art Selbstverständlichkeit. Das änderte sich mit zunehmendem Alter. Die Entscheidungen, die als Heranwachsende anfielen, waren dann schon politischer und kontroverser, auch folgenreicher. Konfirmation oder Jugendweihe, Junge Gemeinde oder Freie Deutsche Jugend (FDJ) – das eine schloss das andere nicht unbedingt aus. Anhand dieser Alternativen kann jeder Christ in der DDR seinen Weg zwischen Repression und Anpassung beschreiben. So auch Angela Merkel. Doch vor diesem Sich-Entscheiden stand eben die frühe Prägung, die noch fast volkskirchlich zu nennen ist, die zwar von der Diktatur, aber noch nicht so stark von einer säkularisierten Umgebung beeinflusst war. „Ich erinnere mich noch, dass in meiner Klasse in der Erweiterten Oberschule von 28 Schülern 13 oder 14 keine Jugendweihe hatten. Alle waren konfirmiert worden. Und es gab noch ein paar, die beides hatten: Konfirmation und Jugendweihe. Es gab in der Schule viele Gleichgesinnte.“[42]

Das Christ-Sein von Angela Merkel entwickelte sich dann gerade in dieser Spannung von Anfeindung und eigener Stärke. Das Selbstbewusstsein des Elternhauses ließ bei ihr keinen politisch motivierten Glaubenszweifel zu. Sie entschied sich für die Konfirmation und für die FDJ, aber gegen die Jugendweihe. Die FDJ-Mitgliedschaft in Kombination mit ihren schulischen Leistungen ermöglichte ihr den Gang zur Erweiterten Oberschule, die sie mit dem Abitur abschloss, und somit das Studium. Das war eine der größten Sorgen der Eltern, dass ihre Kinder nicht würden studieren können, obwohl sie die Neigung und Befähigung dazu hätten. Deswegen stimmten sie, im Gegensatz zu vielen anderen Pfarr-Elternhäusern, der FDJ- Mitgliedschaft zu. Im Fall des Bruders Marcus genehmigten sie sogar die Jugendweihe, was Pfarrer Kasner innerkirchlich Probleme bereitete.

Ihr Beitrag in dem „Bayerischen Sonntagsblatt" klingt fast wie ein persönliches Glaubensbekenntnis, das das Wechselspiel von Umgebung und innerer Überzeugung in überraschend offener Weise beschreibt: „Seit meiner Jugend wusste ich also, dass ich durch mein Bekenntnis zu Gott und seiner Kirche einem inneren Kompass folgte, der vom Staat und der Mehrheit der Bevölkerung als Richtungsweiser abgelehnt wurde. Es war auch nicht immer einfach, zu seinem Christ-Sein zu stehen."[43] Der Glaube habe sie gelehrt, dass es richtig sein kann, gegen den Strom zu schwimmen.

Heute gibt es Leute in Templin, die führen Angela Merkel als Beispiel dafür an, dass es in der DDR gar nicht so schlimm gewesen sei mit der Unterdrückung der Kirchen und der Gläubigen. Schließlich sei die jetzige Bundeskanzlerin Tochter eines Pfarrers gewesen und habe trotzdem zur Erweiterten Oberschule gehen können, das Abitur machen und studieren dürfen. Und das, obwohl sie noch nicht mal die Jugendweihe gemacht habe.

So etwas ärgert den früheren Lehrer und Schulleiter Hans-Ulrich Beeskow noch immer.[44] Er sitzt für die CDU im Rat der Stadt. Die Linken sind auch in der Demokratie – was die Sitzverteilung angeht – wieder stärker als die Christen. Angela Merkel hat er im „Club junger Mathematiker" unterrichtet, das war die Elite-Förderung an der Goetheschule in Templin. Die herausragenden Leistungen seiner damaligen Schülerin hat er inzwischen Journalisten aus aller Welt angepriesen. Nur in Templin gibt es immer noch keine rechte Merkel-Begeisterung. Das liegt an vielem, auch daran, dass sie ihre offizielle politische Heimat in Mecklenburg-Vorpommern hat. Für Rügen sitzt sie im Bundestag, nicht für Templin. Auch Beeskow wird jetzt im Nachhinein gerne benutzt, um die Diktatur reinzuwaschen. Er gehört der Evangelisch Freikirchlichen Gemeinde von Templin an, die auf das Gründungsjahr 1848 datiert. Er habe doch Mathelehrer werden können, wird ihm nun von dem einen oder anderen Geschichtsfälscher entgegengehalten. Beeskow wohnt in der Villa „Frohsinn" auf dem Weg von der Innenstadt zum Waldhof. Mit der Familie Kasner und auch mit dem Leiter der Behinderteneinrichtung habe man sich gut verstanden.

Anfang 1989 wurde es ihm und seiner Frau mit der Schikane zu viel. „Wir haben überlegt zu kündigen", sagt er. Die verpflichtenden Parteilehrgänge – auch für Nichtmitglieder – mit der erzwungenen Phrasendrescherei schlugen den beiden aufs Gemüt. „Als wir am heiligen Ostersonntag zusammensaßen, um die Vorbereitungen für die Parteischulung zu machen, wussten wir, dass es so nicht weitergeht." Im Waldhof hätten sie Unterschlupf finden und in den unterschiedlichen Einrichtungen arbeiten können. Doch das Ende der DDR kam schneller, als sie ihren Entschluss umsetzen konnten.

Der schlechte Staat und das schöne Leben

Über ihre Kindheit und Jugend sagt Angela Merkel einmal: „Ich bin in einem schlechten Staat, aber in einer wunderbaren Landschaft aufgewachsen."[45] Vielleicht steckt in diesem Satz aber noch mehr. Die Schlechtigkeit des Staates stand für sie außer Frage, aber dass dieser Staat ihr Leben nicht zerstören sollte, das war auch ihr Anliegen. Das war auch die Devise, die sie von ihrem Vater mitbekam. Es war ein Zickzackkurs.

Ein Gedicht von Christian Morgenstern spielt dabei eine besondere Rolle: „Es sitzen Möpse gern auf Mauerecken, – die sich ins Straßenbild hinaus erstrecken, – um von sotanen vorteilhaften Posten – die bunte Welt gemächlich auszukosten. – O Mensch, lieg vor dir selber auf der Lauer, – sonst bist du auch ein Mops nur auf der Mauer." Kaum vorstellbar, dass aus diesen Versen ein Politikum wird. Und doch sorgt er für den einzigen kleinen Skandal, den Merkel in der DDR mitverursacht hat. Mehr als ein Schülerstreich, aber auch keine Protestaktion.

Kurz vor dem Abitur musste die Klasse eine Kulturstunde vorbereiten, zunächst wollten die Schüler der Erweiterten Oberschule sich weigern, dann, auf gutes Zureden von Merkels Vater, Horst Kasner, wurde doch etwas vorbereitet. Das besagte Gedicht wurde aufgesagt, die „Internationale" angestimmt, aber in der Sprache des Klassenfeindes, auf Englisch. Schließlich wurde für die „Frelimo" Geld gesammelt, einer marxistischen Befreiungsbewegung in Mosambik, die aber keiner kannte. Gefordert war hingegen eine Solidaritätsbekundung für die vietnamesischen Genossen. Das Ganze war also als Satire angelegt, entsprechend verärgert reagierte die Schulleitung.

Zwei Dinge sind dann in der Folge beachtlich. Angela Merkel sollte als Pfarrerstochter der Anstiftung überführt werden. Doch die Klassengemeinschaft stand geschlossen zu der Tat. Das Zweite: Um Schlimmeres zu verhindern, etwa den Verlust des Studienplatzes, musste sich Vater Kasner an höhere kirchliche Stellen wenden. Zunächst sprach er mit seinem Bischof Albrecht Schönherr, dieser leitete die Angelegenheit ans Zentralkomitee der SED weiter.
Am Ende musste Angela Merkel mit einer Bittschrift im Gepäck nach Berlin reisen und diese dem damaligen Konsistorialrat Manfred Stolpe, später nach der Wende SPD-Ministerpräsident in Brandenburg, überreichen. Die Schüler erhielten einen Verweis, aber schwerer wiegende Konsequenzen blieben aus.[46]
Angela Merkel war angepasst und unangepasst gleichzeitig. Das belegen verschiedene Begebenheiten. Sie war gerne in der FDJ, wie sie einmal bekannt hat. Sie habe dort Geselligkeit gesucht. Später, in der Berliner Zeit, hat sie als Funktionärin sogar Veranstaltungen organisiert, doch nach allem, was bekannt ist, waren diese entweder harmlos erbaulich oder teilweise sogar eher kritisch, wenn es etwa um einen Vortrag zur Wirtschaftslage in der DDR ging. Sie hörte Biermann-Kassetten und verehrte den Dissidenten und Autoren Rainer Kunze, doch als ein geflohener Freund ihr aus West-Berlin schreiben wollte, bat sie ihn, das besser zu unterlassen. Die West-Post könne ihr Schwierigkeiten bereiten. Sie besuchte die Evangelische Studentengemeinde in Leipzig regelmäßig, doch als gefragt wurde, ob sie Vertrauensstudentin werden wolle, lehnte sie ab. Dafür habe sie bei dem anspruchsvollen Studium keine Zeit. Ein Sowohl-als-auch prägt ihr Leben. „Es ist offenbar unheimlich schwer, heute zu verstehen und begreiflich zu machen, wie wir damals gelebt haben“, erklärt sie später diese oft geradezu fast schizophrene Situation in der Dik-

tatur. „Wo war die Grenze des Kompromisses, die jeder selber finden musste?“[47], fragt sie. Auf Merkels FDJ-Mitgliedschaft und ihre Funktion als Sekretärin für Agitation und Propaganda angesprochen, formuliert Lothar de Maizière, der letzte Ministerpräsident der DDR, einmal und beschreibt dabei das DDR-Lebensgefühl treffend: „Das kam drauf an, wie man die Position verstand. Manche haben da sicher ideologisch gearbeitet, andere haben Theaterkarten besorgt. Ich geh mal davon aus, dass es bei Angela Merkel das Letztere war. Irgendwie hat doch jeder eine Funktion abbekommen. Und wenn es nur Wandzeitungsredakteur war oder Milchgeldkassierer.“[48]

Auf der einen Seite musste sie am Ende ihres Studiums auch eine Abschlussarbeit über den Marxismus-Leninismus verfassen, gleichzeitig debattierte sie in einem privaten Gesprächskreis ihres Professors, der ebenfalls christlich orientiert war, zu Hause in der Sofaecke die Werke des verbotenen Rudolf Bahro. Auch die Frage, ob man sich beruflich überhaupt engagieren sollte, da dies ja auch dem verhassten real existierenden Sozialismus diente, beschäftigte Angela Merkel. „Zur Zeit der Wende war ich schon froh, dass ich mich nicht habe hängen lassen.“[49]

Als Angela Merkel 1973 den Waldhof verlässt, ist sie keineswegs eine Außenseiterin. Und sie ist auch nicht ängstlich, der „Insel“ den Rücken kehren zu müssen. Sie ist konfirmiert, hat zeitweise im Kirchenchor gesungen und gleichzeitig ist sie Mitglied der FDJ. Sie unternimmt Bootstouren mit ihrem Freundeskreis durch die Uckermark, ist dabei die Anführerin zumindest in logistischen Fragen. Allenfalls bei Partys in Templin soll sie zurückhaltender als ihre Altersgenossen gewesen sein. In Leipzig hingegen machte sie sich als studentische „Bardame“ bekannt, da sie in der Lage war, Kirschmost und Whisky oder Wodka zu beschaffen. Und wohl auch zu trinken. „Ich habe mir Leipzig ausgesucht, weil ich mir dachte, ich muss mal von zu Hause weg“, bekennt sie zur Wahl ihres Studienortes im Juni 2008 bei der Verleihung der Ehrendoktorwürde der Universität Leipzig, die zu ihrer Zeit noch Karl-Marx-Universität hieß. Berlin als Studienort wäre zu nah an Templin gewesen, die Versuchung hätte nahegelegen, am Wochenende nach Hause zu fahren.

Organisationstalent soll sie in den kommenden Jahren auszeichnen und ihren Freunden und Bekannten in Erinnerung bleiben, während ihres Studiums und danach in Berlin an der Akademie der Wissenschaften, wo sie promoviert wurde. Die Physikalische Fakultät in Leipzig hatte einen guten Ruf, Angela Merkel beschreibt ihr Studium als „schöne Zeit“. Das typische Studentenleben im engeren Sinne zwischen ausgedehntem Freizeitverhalten und dem Leistungsanspruch der Lehrenden war nicht viel anders, als es vermutlich auch im Westen hätte sein können. Bei der Festveranstaltung in Leipzig berichtet sie sowohl über das Pflichtprogramm als auch über die Kür. „Fangen Sie bloß nicht an, sich an die Drei als gute Note zu gewöhnen“ – der Ausspruch eines ihrer Professoren griff wohl die Erziehungslinie ihrer Eltern perfekt auf. „Womit wollen Sie eigentlich denken, wenn Sie nichts im Kopf haben?“, zitiert sie einen anderen Lehrenden. Konkret bezog sich das auf den Wunsch der Studierenden, Berechnungen nicht im Kopf ausführen zu wollen. Dieser Spruch kann auch als generelle Maxime von ihr angesehen werden. Ihre früh geprägte Haltung lässt sich zusammenfassen mit dem Satz: „Gott hat uns den Kopf zum Denken gegeben, die Vernunft nicht zu benutzen, wäre unchristlich.“

Vielleicht waren die Leipziger Jahre im Nachhinein die unbeobachtetsten in Merkels Leben. Das Elternhaus war fern, der Beruf und sein Umfeld noch nicht in Sicht. Die Stasi schaute zu, nur wusste die Studentin davon nichts. Sie verstand es, auf der DDR-Klaviatur zu spielen, zwischen FDJ und Evangelischer Studentengemeinde. Bei einer Studienreise nach Russland lernt sie ihren ersten Mann kennen, den ein Jahr älteren Physikstudenten Ulrich Merkel. 1977, mit 23 Jahren, heiratet sie ihn, die kirchliche Trauung findet auf ihr Drängen hin statt, im heimischen Templin. Vier Jahre später wird die Ehe geschieden. Sie selbst begründet das damit, dass man aus den Zwängen der DDR heraus sich zu früh gebunden und nicht lange genug Prüfungszeit habe verstreichen lassen. „Mein erster Mann und ich waren natürlich verliebt, wir gingen auch von einer gemeinsamen Zukunft aus. Aber in der DDR war es so, dass man die gemeinsame Wohnung und Arbeit am selben Ort eben nur bekam, wenn man verheiratet war. Das hat die Phase der Selbstprüfung in einer Beziehung oft abgekürzt." Scheidungen waren in der DDR an der Tagesordnung; wie in ihrem Elternhaus darüber gedacht wurde, ist nicht bekannt.

Erst kurz bevor sie CDU-Bundesvorsitzende wurde, hat sie ihren langjährigen Partner und Freund, Joachim Sauer, geheiratet, den sie schon aus dem Studium kennt. Nach dem Scheitern der ersten Ehe sei sie vorsichtig geworden, so ihre Begründung. Die zweite Ehe hat sie nicht kirchlich geschlossen, die erste noch im heimischen Templin, im evangelischen Zuhause. „Ich bin auch so gut verheiratet"[50], sagt sie.

Ihre Diplomarbeit in Physik wurde 1978 mit einer Eins bewertet. Danach wechselt sie nach Berlin, um dort an einem Institut der Akademie der Wissenschaften in Adlershof zu promovieren. Ihre Dissertation reicht sie 1986 ein. Danach wechselt sie das Institut und arbeitet bis zur Wende im Bereich der Analytischen Chemie. In dieser Zeit wird sie bei der FDJ als Sekretärin für „Agitation und Propaganda" tätig. Sie selbst hat das nie bestritten, nur hat sie ihrer Meinung nach im Wesentlichen „Theaterkarten organisiert". Sie habe in Berlin wenig Kontakte gehabt, habe Anschluss gesucht, ihr Mann hingegen sei sehr häuslich gewesen. Deswegen habe sie bei der FDJ mehr gemacht als nötig. Die FDJ sei aber eben nicht nur eine politische Veranstaltung gewesen, sondern auch Anlaufstelle für viele kulturelle Aktivitäten. „Es gab also wenige Möglichkeiten, dem auszuweichen. Aber natürlich bestand die Gefahr, das steht außer Zweifel, weiter hineingezogen zu werden, als einem lieb war." Und sie fügt noch an: „Ich wusste schon, was ich tat."

Alle 14 Tage am Mittwochabend ging sie zur Gethsemane-Gemeinde im Prenzlauer Berg, rückwärtig zum S-Bahnhof „Schönhauser Allee" gelegen. Sie wohnte zwei Kilometer südlich an der Grenze zum Bezirk Mitte unweit der Zionskirche, ausgerechnet in der Templiner Straße. Die Gethsemanekirche war ihre kirchliche Heimat geworden, dort fand sie Freunde und eben den Mittwochskreis. Die Runde war von berufstätigen Frauen dominiert, berichtet heute eine Teilnehmerin[51] im Rückblick. Darunter einige Geschiedene wie Angela Merkel und auch viele ohne Kinder. Diese Mischung brachte die Runde zusammen. Im Donnerstagskreis hingegen hätten die Familien- und Kinderthemen dominiert, so wird berichtet. Die Mittwochsleute seien die fröhlicheren gewesen. „Wir gingen nach unserer Gesprächsrunde im Gemeinderaum gerne noch in die benachbarte ‚Eselsbrücke' in der Greifenhagener Straße." Die urige Kneipe gibt es noch immer. Zu den Themen, die diskutiert wurden, gehörten auch politische und gesellschaftliche Fragen, ein politischer Kreis war es nicht.

Da gab es andere Zirkel, die sich in der Zeit Anfang bis Mitte der 1980er Jahre in der Gemeinde bildeten. Zu denen gehörte Angela Merkel nicht. Der Mittwochskreis wurde von Pfarrer Dr. Konrad Wekel geleitet, 12 bis 20 Mitglieder hatte er. Psychologie und auch private Dinge, Fragen von Partnerschaft und Beruf seien besprochen worden. Angela Merkel habe sich nicht hervorgetan, auch habe man nicht unbedingt gewusst, wie religiös jemand in der Runde gewesen sei oder nicht. Irgendwann sprach sich unter den Pfarrern herum, dass sie die Tochter von Horst Kasner war, den kannten die Theologen. Doch sonst erinnern sich die Zeitzeugen kaum an das als freundlich, zugewandt und kontaktfreudig beschriebene Gemeindeglied. Bis heute hat sie freundschaftliche Kontakte aus dieser Zeit behalten, sie wurde Patentante eines Kindes, dessen Eltern auch dem Mittwochskreis angehörten. Angela Merkel gehörte in den 1980er Jahren zumindest am Rande zum Gemeindeleben der Gethsemane-Gemeinde dazu, der Pfarrer kannte sie, sie hatte Freunde und Bekannte dort. Besonders engagiert war sie nicht. Und es waren sicher eher ihr Glaube und die Suche nach einer Gemeinde, die sie dorthin trieben, als etwa der politische Freiraum, den sie suchte, um aktiv zu werden.

Sie sei, berichtet sie, Ende der 1980er Jahre auch mal zu Friedensgottesdiensten gegangen oder zu Gesprächsveranstaltungen der entstehenden Oppositionsbewegung. Doch mehr, um ihre Solidarität zu bekunden und ihre Gegnerschaft zum System auszudrücken, weniger, weil sie sich selbst einbringen wollte. Widerstandskämpferin sei sie nie gewesen, hat sie immer betont. „Manchmal bin ich zu den Friedensmessen von Rainer Eppelmann gegangen, der Pfarrer in der Samariter-Kirche war. Ich bin da hingegangen, weil ich fand, dass es ein Zeichen gegen die DDR war, aber es war nicht meine politische Welt; auch nicht die Anti-Atom-Bewegung oder die ‚Schwerter zu Pflugscharen'. Wenn ich dennoch dort auftauchte, dann um zu zeigen, dass ich auch gegen die DDR bin."[52] In der Zeit in der Akademie wurde sie von einem damaligen Freund für die Stasi ausspioniert. In ihrer Akte heißt es: „Sie hatte auch Kontakte zu Kreisen aus dem Prenzlauer Berg, die wenig mit der Politik unseres Staates gemeinsam haben, sowie zu jungen Künstlern und Mitgliedern der evangelischen Kirche."[53] Sie selbst sagt, sie sei bei einigen Veranstaltungen der Bürgerbewegung dabei gewesen, doch sie habe nicht in „dieses Milieu" gepasst. Auch die „basisdemokratische Diskussionsweise" sei nicht ihre Sache gewesen. Sie sei nicht derart pazifistisch gewesen, wie in den Kreisen diskutiert wurde.[54]

Angela Merkel wird als „Novemberrevolutionärin" bezeichnet, weil sie sich in den Monaten vor dem Fall der Mauer nicht engagiert hat. Sie hat nicht gegen den Staat demonstriert, als es noch gefährlich war. Erst nach dem 9. November 1989, als alles auseinanderzubrechen schien, entscheidet sie sich für das politische Engagement. Zunächst aber geht sie in die Sauna. „Ich habe Günther Schabowski im Fernsehen gesehen und dann meine Mutter angerufen. Wir hatten zu Hause immer den Spruch: ‚Wenn die Mauer mal weg ist, gehen wir ins Kempinski Austern essen.' Ich habe ihr gesagt, es sei jetzt so weit. Dann bin ich wie jede Woche in die Sauna gegangen."[55] Es war gar nicht klar, dass die Grenzen sich sofort öffnen würden, deswegen hat Merkel auch ihren gewohnten Rhythmus nicht durchbrochen. Sie war mit einer Freundin in der Sauna verabredet, danach gegen 21 Uhr gingen sie allerdings nicht wie sonst noch ein Bier trinken, sonder rüber in den Westen.

Andere, wie ihr späterer politischer Weggefährte Rainer Eppelmann, schauten sofort an der Mauer nach. Eppelmann stand am Übergang Bornholmer Straße, der als erster geöffnet wurde. Auch durch das Einschreiten des evangelischen Pfarrers gab es keine Gewalt bei dem Ansturm auf die Grenzposten. Die Wachen dort resignierten irgendwann, gaben dem Druck der Massen nach und öffneten die Schlagbäume. Angela Merkel spazierte etwas später hinterher, als die große Menge schon am Ku'damm bummelte. Das Austernessen im Hotel Kempinski hat übrigens angeblich immer noch nicht stattgefunden. Es sei ein Symbol gewesen, so Merkel. Plötzlich beschleunigte sich die Zeit. Die Tage, Wochen und Monate im November und Dezember 1989, das Jahr 1990 scheuchten das SED-Regime davon, brachten im weiteren Verlauf den Staat DDR zu Fall und die Wiedervereinigung der beiden deutschen Staaten. Angela Merkel rutschte in diesen Strudel. Ein Jahr nach dem Mauerfall war sie schon stellvertretende Regierungssprecherin der Regierung de Maizière gewesen, kandidierte für den Deutschen Bundestag und war kurz davor, Ministerin im Kabinett Kohl in Bonn zu werden.

Im November/Dezember 1989 begab sie sich zunächst mit dem Instituts-Chef der Akademie, Klaus Ulbricht, auf „Parteiensuche“, wie sie es selbst nennt. Zunächst seien sie bei den Sozialdemokraten gelandet, dort habe es ihr nicht gefallen, weil sich alle mit „Du“ ansprachen und auch die Bezeichnung „Genosse“ noch üblich war. Ihr Freund Ulbricht blieb. Sie landete dann beim „Demokratischen Aufbruch“ (DA), der unter anderen von Pfarrer Eppelmann, Pfarrer Friedrich Schorlemmer und Pfarrer Ehrhart Neubert, noch von der DDR-Polizei in dessen Wohnung umstellt, gegründet worden war. Ulbricht steigt bei der SDP (später SPD) auf und wird Bürgermeister in Treptow-Köpenick. Sie macht Karriere beim DA. Ihr habe es gefallen, dass dort die politischen Positionen noch nicht so festgelegt gewesen seien. Etwas chaotisch sei es zugegangen. Gerd Langguth stellt fest, dass sie erst kurz vor Weihnachten, „zu einem relativ gefahrlosen Zeitpunkt“, dazugestoßen sei. Bei der eigentlichen Revolution war sie in der Tat nicht dabei, als sich die Parteien noch unter erheblichem Widerstand der dahinsiechenden Staatsmacht gründeten.[56]

Zunächst ging es auch beim Demokratischen Aufbruch noch um eine Reform des Sozialismus, um einen „Dritten Weg“ zwischen Kapitalismus und Kommunismus. Eppelmann und der erste Vorsitzende, Wolfgang Schnur, setzen auf die Wiederver-

einigung, auf Helmut Kohl und die Union. Es gab heftige Streitereien um den Kurs. Anfang Januar verließ Friedrich Schorlemmer die Partei und ging zur SPD. Der Demokratische Aufbruch nähert sich dann bis zur ersten freien Volkskammerwahl am 18. März 1990 der Position der westdeutschen CDU an und ging schließlich das Bündnis in der „Allianz für Deutschland" mit DSU und CDU ein. Wie offen Merkel bei der „Parteiensuche" war, ist fraglich. Für sie war wohl relativ früh die Anbindung an den Westen und die Wiedervereinigung das realistische Ziel. Die „egalitären" Positionen bei den Sozialdemokraten hätten ihr nicht gefallen, sagt sie, andere Parteien außer den DA hat sie sich nicht mehr angeschaut. Sie wollte bei etwas Neuem dabei sein und auf keinen Fall zur Ost-CDU gehen. Aber Ende Dezember 1989 zeichnete sich schon ab, dass der DA sich im liberal-konservativen Spektrum ansiedelte.
Beim DA seien viele Intellektuelle gewesen, beschreibt sie ihre Anfänge dort, es habe etwas zu tun gegeben. Aus dem Westen waren neue Computer gekommen, die außer ihr niemand bedienen konnte. So wurde sie in der neuen Parteizentrale schnell zu einem Mädchen für alles. Später machte sie der Vorsitzende Schnur zur Pressesprecherin. „Ich bin auch an die richtigen Leute geraten, habe interessante Menschen kennengelernt, Seminare besucht"[57], erinnert sie sich. Tatsächlich kam sie wohl nicht so ganz zufällig und unbedarft in ihr erstes politisches Wirkungsfeld. Zumindest Eppelmann kannte sie aus der Samaritergemeinde. Wolfgang Schnur war zu DDR-Zeiten Vertrauensanwalt für zahlreiche DDR-Oppositionelle, er war Synodaler des Bundes der Evangelischen Kirche in der DDR. Der aus Stettin stammende Rechtsanwalt gehörte zu dem Kreis von mehr oder weniger prominenten Kirchenleuten, die mit dem DDR-Staat in Kontakt standen, um in Konflikten zu vermitteln und Ausreisen zu organisieren. Es heißt, er sei mit Horst Kasner befreundet gewesen.

Ob Angela Merkel ihn tatsächlich vorher schon gekannt hat, ist offen. Sicher ist aber, dass der DA die vielleicht evangelischste und kirchlichste unter den neuen Oppositionsparteien war. Dass das evangelische Netzwerk Merkel bewusst nach oben gehievt hat, scheint wahrscheinlich eher eine Verschwörungstheorie zu sein. Doch dass sie sich ein Umfeld suchte, dass ihr vertraut war, in dem sie bestimmte Köpfe zumindest vom Namen her kannte, wo es wohl auch einen gewissen Grundkonsens von Werten und Prinzipien gab, scheint sicher. Wolfgang Schnur wurde wenige Tage vor der Wahl 1990 als Inoffizieller Mitarbeiter des Ministeriums für Staatssicherheit enttarnt. Angela Merkel musste das Desaster als Pressesprecherin der Öffentlichkeit verkaufen. Es muss auch für sie persönlich eine unermessliche Enttäuschung gewesen sein, dass dieser Mann, der in vielfältigen Ämtern in der Kirche agiert hat, sich jetzt als Gegner erwies, als jemand, der für das System gearbeitet hatte. Die enge Zusammenarbeit von Teilen der offiziellen Kirche mit dem DDR-Staatsapparat, für die unter anderem auch die Namen Manfred Stolpe, Lothar de Maizière und auch Horst Kasner stehen, genügte den moralischen Ansprüchen der Wendezeit nicht. Stolpe und de Maizière wurden Verbindungen zur Staatssicherheit angelastet und mitunter zum Verhängnis.

Für Angela Merkel aber mag diese Erfahrung ein weiterer Grund dafür sein, dass sie bei einer zu engen Verquickung von Kirche und Staat äußerst skeptisch ist. Zumal die Kirche dann mit dem Glauben weniger zu tun hat als mit dem Interessenausgleich von Institutionen. Vielleicht auch deswegen spricht sie nicht über ihren Glauben im Zusammenhang mit dem Start in ihr politisches Engagement.

Die unpolitische Politikerin?

Aus dem Chaos heraus und mit Zufall zur Macht

Angela Merkel sagt es immer wieder, ohne die Umstände der friedlichen Revolution und der deutschen Einheit wäre sie nicht Politikerin geworden. Wie unwahrscheinlich dieser Weg war, wie sehr er dem Chaos der Umstände und der Geschwindigkeit der Ereignisse geschuldet ist, dem spürt Alexander Osang 2009 in einer Reportage nach. Dabei beschreibt er ein Treffen im Elternhaus von Merkel in Templin: An einem Wochenende im September 1989 habe sich eine Gruppe von DDR-Physikern im Pastoralkolleg Templin getroffen, um über ethisch-philosophische Fragen der Naturwissenschaften zu reden. „Der Arbeitskreis tagte einmal im Jahr, man diskutierte hinter Kirchenmauern Probleme, die man draußen nicht wahrhaben wollte", schreibt Osang. Das Thema des Jahres 1989 im Templiner Kolleg habe den Titel gehabt „Was ist der Mensch?" Die meisten aus der Gruppe seien Physiker geworden, weil ihnen das die Möglichkeit geboten habe, sich dem Staat zu entziehen, ohne das Land zu verlassen. Die Mitglieder der Gruppe wollten in Ruhe gelassen werden und dennoch etwas tun; diese Haltung scheint charakteristisch eben auch für Merkel zu sein. Doch diese Art der inneren Emigration funktionierte nicht mehr. Osang schreibt: „Das Land, in dem sie lebten, zerfiel vor ihren Augen, Zehntausende flüchteten in den Westen, die Parteiführung verharrte im Schock, sie schien gefährlich und angeschlagen. Jetzt, da es zum ersten Mal die Chance gab, wirklich mitzumachen, stellte sich die Frage, was sie denn sein wollten, wenn sie nicht mehr Physiker sein mussten, in einem Staat, dem man sich nicht mehr entziehen musste, womöglich nicht mehr entziehen durfte. Einige der Wissenschaftler am Tisch hatten sich bereits entschieden. Hans-Jürgen Fischbeck, Physiker an der Akademie der Wissenschaften in Berlin, hatte gerade mit ein paar Freunden Demokratie Jetzt gegründet; Günter Nooke, Physiker aus Forst, würde in sieben Tagen mit 16 Gleichgesinnten in einer Altbauwohnung in Berlin-Mitte den Demokratischen Aufbruch gründen. Die Physiker befanden sich an diesem Wochenende auf dem Sprung in die Politik, sie landeten später in kleineren und größeren Parlamenten, aus denen sie sich inzwischen fast alle wieder zurückgezogen haben. Diejenige am Tisch aber, die damals schwieg, ist heute Bundeskanzlerin."[58]

Angela Merkel kann sich an die Begebenheit nicht erinnern, meint aber, so könne es gewesen sein. Zumal bei ihr zu Hause immer viel los gewesen sei. Sie will ihre damalige Haltung nicht als unpolitisch verstanden wissen. Vielmehr erklärt sie, das Widerständige gegen das ungeliebte System an sich sei schon politischer gewesen als das normale Leben im Westen. Der Journalist nennt sie „die Schläferin", die dann nach dem Umbruch 1989 zur Politikerin erwacht sei.

In den Jahren vor der Wende bot die evangelische Kirche oppositionellen Gruppen Unterschlupf, dadurch wurde ihr Erstarken möglich. In den verschiedenen Friedenskreisen stand nicht der persönliche Glaube im Mittelpunkt, sondern Politik. Merkel aber fremdelte immer wieder mit diesen Zirkeln. „Zu theoretisch sei es ihr da oft zugegangen, zu viel Gerede", sagt ein Weggefährte. Sie habe das Gefühl gehabt, in diesen Nischen spiele nicht wirklich die Musik, zu selbstgefällig und unbedeutend und unwichtig seien diese evangelischen Teerunden in Berliner Hinterhäusern gewesen. Dann habe sie doch lieber Kulturabende für die FDJ organisiert, das sei zwar ein Drahtseilakt gewesen, aber immerhin das. Angela Merkel war auch schon in der DDR zu sehr Tatmensch, als dass sie sich mit der Kirchenecke abfinden wollte. Sie war schon damals nicht diejenige, die Politik im Wesentlich für eine Sache des Diskurses hält. Politik ist nicht Diskutieren in Gemeinschaft und die Selbstvergewisserung einer Gleichgesinntentruppe. Sie identifiziert Politik mit Problemlösen. Sie konnte ja auch nicht ahnen, dass die friedliche Revolution tatsächlich glücken würde.

Ähnlich geht es ihr mit den kirchlichen Kreisen in der Politik (West) dann auch. Es ist wohl wie mit der Jungen Union, den CDU-Frauen, dem innerparteilichen Verbandswesen, das für die Partei wichtig ist, aber für eine Zugezogene doch auch befremdlich wirkt, in gewissem Maße auch hermetisch. Angela Merkel steigt in die Partei ja von oben ein, von ganz oben. Sie wird 1990 Ministerin, 1991 stellvertretende Parteivorsitzende. Ihr machtpolitisches Problem ist, dass sie keine sogenannte Hausmacht hat. Das heißt, sie kommt nicht aus einem Landesverband, der sie stützt, wenn es mal brenzlig wird. Keine Gruppierung oder Fraktion in der Partei sagt von sich aus, das ist „unsere“. Als sie in der Union anfängt, hat sie vor allem Helmut Kohl hinter sich. Das reicht auf die Dauer nicht. Und das weiß sie, obwohl der Spendenskandal noch nicht in Sicht ist.

Sie scheitert 1991 mit dem Versuch, Landesvorsitzende von Brandenburg zu werden. Daraus hat sie viel gelernt. Der Evangelische Arbeitskreis (EAK) in der CDU ist gewiss nicht so bedeutend wie ein Landesverband, doch er ist eine anerkannte Größe. 1992 übernimmt sie den Vorsitz dieser Gruppierung. Damit gibt sie das deutliche Signal, sich als politische Protestantin einordnen lassen zu wollen. Doch schon nach einem Jahr bittet sie darum, von der Aufgabe entbunden zu werden. „Zu abgehoben“ sei ihr das, soll sie bilanziert haben, berichtet ein damaliger Vertrauter. Der konkrete Anlass für den Rückzug war die Übernahme einer tatsächlichen Hausmacht. Sie wird Landesvorsitzende in Mecklenburg-Vorpommern. Das reiche ihr an Arbeit, begründet sie den Rückzug beim EAK in einem Interview.

Sie bleibt der parteiinternen Gruppierung verbunden, hält Festreden und lobt die Arbeit. Aber weiterhin fremdelt sie mit dem politisch organisierten Protestantismus. Etwas von dieser Distanz wird in einem Absatz deutlich, der sich in ihrer Rede zum 40-jährigen Bestehen des EAK aus dem Jahre 2003 findet: „Ich gehöre nicht zu denen, die sicher zu glauben wissen, was ‚christliche Politik' ist. Mein Glaube kann mir Orientierung geben. Er offenbart mir die christliche Botschaft vom Sinn des Lebens und gibt mir dadurch Hoffnung und Ermutigung. Er gibt mir aber auch den Zweifel an mir selbst und die Demut vor Gott. Ich wünsche mir deshalb eine starke evangelische Kirche, die die Handelnden in ihrem Gewissen vor Gott und den Menschen kräftigt, die ihnen hilft, Entscheidungen zu finden."[59]

Das öffentliche Bekenntnis, die Kirchen, ihre Positionen und die eigene politische Überzeugung, das ist ungefähr das Bermudadreieck, in das sich ein christlicher Politiker begibt, wenn er sich als solcher bezeichnet und angesehen werden will. Für katholische Christen ergibt sich daraus noch einmal eine besonders schwierige Lage, da es mit dem Papst eine lehramtliche Autorität gibt, die in bestimmten Fragen ganz genau weiß, was richtig und falsch ist – auch in der Politik. Als evangelischer Christ ist die Lage anders, dort herrscht eine größere Pluralität an Meinungen. Nur als Protestant in der CDU gibt es Probleme, denn diese evangelische Sicht fällt in der katholisch geprägten Union manchmal unter den Tisch. Aus dieser Lage heraus hat sich der EAK gegründet. Doch für Angela Merkel sind derlei alt-bundesrepublikanische Stellungskriege überholt.

Wie geht Kirche mit der Politik um, wie verhalten sich Politiker zu ihren Kirchen? Und was hat das alles mit dem Glauben zu tun? Das sind die Fragen, die wohl einer Neubestimmung harren und die Angela Merkel auf jeden Fall anders beantwortet, als es ehedem üblich war. Mit starkem Glauben – und „in lutherischer Tradition mit gewisser Autoritätskritik“[59], so hat sie es selbst beschrieben, so möchte sie es gerne sehen.
Am 18. Januar 1991 wird Angela Merkel als Bundesministerin für Frauen und Jugend vereidigt. Noch ein Jahr zuvor war sie nicht einmal Pressesprecherin, gerade mal „Mädchen für alles“ im Büro des Demokratischen Aufbruchs in Ost-Berlin. Die friedliche Revolution hat Lebenswege möglich gemacht, die schwindelerregend sind. Bekannte und Wegbegleiter hätten sie eher bei den Grünen oder den Sozialdemokraten gesehen. Ihr Outfit mit Wickelrock und Jesuslatschen hätte das noch bis zur Wiedervereinigung nahegelegt, lästert ein ehemaliger Förderer. Merkel wurde stellvertretende Pressesprecherin der Regierung von Lothar de Maizière. Der DA konnte noch als bürgerbewegtes Feigenblatt der „Allianz für Deutschland“ und damit der neuen gesamtdeutschen CDU gelten, die sich ja mit der Ost-CDU vereinigt hatte und dadurch bis heute mit der Geschichte der sogenannten Blockflöten zu kämpfen hat. Die Ost-CDU war auch zusammen mit anderen Parteien unter dem SED-Regime zugelassen, um in der Diktatur ein wenig Demokratie zum Schein vorzuspielen.
Innerhalb der sogenannten Nationalen Front war die Ost-CDU politisch gleichgeschaltet. Es gab nur wenige Nischen und Privilegien, die die Mitglieder der Scheinpartei besaßen. In der Volkskammer stimmten sie nahezu ausschließlich mit der SED. Angela Merkel kam vom DA und war auch deswegen de Maizière und später auch Helmut Kohl eine willkommene Auflockerung in der sonst von „Blockflöten“ beherrschten Szene. Doch festgefügte politische Positionen zu

den vielfältigen Fragen der deutschen Politik brachte Angela Merkel 1990 nicht unbedingt mit. Sie hatte das westdeutsche Geschehen am Fernsehen verfolgt. Vielen Westdeutschen war nicht klar, dass die Ostdeutschen durch das Westfernsehen jenseits der Mauer nahezu genauso, wenn nicht besser, über den Westen informiert waren wie sie selbst. Eine gewisse Skepsis gegenüber Helmut Kohl habe sie zu DDR-Zeiten gehabt, gibt Merkel später zu. Sie führe das auch auf die mediale Vermittlung des oft bespotteten Kanzlers zurück. Bestimmt kam sie nicht schon als ausgemachte Konservative zur Union, gewiss auch noch nicht als erklärte christliche Politikerin.

Nach der Selbstauflösung der DDR am 3. Oktober 1990 verlor sie ihren Job als Regierungssprecherin und wurde zunächst Mitarbeiterin des Bundespresseamtes. Im Wahlkreis Rügen bewarb sie sich bei der ersten gesamtdeutschen Bundestagswahl im Dezember 1990 um ein Mandat und erlangte erstaunliche 48,5 Prozent. Der direkt gewonnene Wahlkreis ist bis heute ihre stabilste Machtbasis. Angela Merkel, noch ein Jahr zuvor 36-jährige, geschiedene Physikerin ohne Perspektive, jetzt Abgeordnete des ersten gesamtdeutschen Parlaments in Bonn. Einen Monat später regiert sie auch noch das Land mit, am Kabinettstisch Kohls. Anfangs habe sie sich gar nicht im Fernsehen anschauen können, sie habe immer lachen müssen, wie sie sich neben den wichtigen Menschen gesehen habe, vertraut sie 1991 Herlinde Koelbl an. Sie wird als das „Mädchen“ von Kohl geschmäht, als Quotenfrau und Ossi-Dummerchen abgestempelt. Wie sehr sie unter dem schnellen Abstempeln durch die Journalisten gelitten hat, berichtet sie später.

Gewiss war ihr Gewicht im Bonner Zirkus noch nicht groß im ersten Jahr, gewiss war sie auch noch sehr unerfahren. Und doch: Im Nachhinein müssen ihre Ministerjahre als ahnungsvolle Vorboten ihrer künftigen Karriere gelesen werden. Als Frauen- und Jugendministerin bearbeitete sie Familienthemen, die heute wieder ihre eigene Kanzlerschaft prägen. Und die Abtreibungsfrage, die sie gleich im ersten Jahr schon berührt, kann als ein Auftakt gesehen werden in den Debatten über den Schutz des Lebens am Anfang und Ende, in der Forschungspolitik und der Fortpflanzungsmedizin. Diskussionen um Gentechnik und Sterbehilfe haben die Jahre bestimmt. Bis hin zu der Debatte um die embryonale Stammzellforschung, in die die heutige Kanzlerin an jenem Dezemberabend 2007 beim Parteitag in Hannover eingegriffen hat, mit kräftigerer Stimme, als es damals die Jugendministerin in der Paragraf-218-Debatte getan hat, aber doch vielleicht mit der gleichen abwägenden Art. Das Feuerwerk, das Ursula von der Leyen in der Familienpolitik nach der Regierungsübernahme der großen Koalition 2005 zündete, bedeutete für Teile der katholischen Kirche und auch in der Union einen Kulturschock. Für Angela Merkel war das Thema Kinderbetreuung und Vereinbarkeit von Familie und Beruf nicht neu. Bereits in der Diskussion um den Abtreibungsparagrafen Anfang der 1990er Jahre hat sie als Bundesministerin für einen Rechtsanspruch auf einen Kindergartenplatz gekämpft. „Besonders wichtig für mich als Jugendministerin ist natürlich der Ausbau der Kindergartenbetreuung", sagt sie am 26. September 1991 im Parlament. Die Kohl-Regierung beschließt schließlich den Rechtsanspruch für Kinder ab drei Jahren. Dass das noch nicht ausreiche, sagte Merkel schon damals. Sie sorgte dann dafür, dass sich die Programmatik der CDU Anfang des Jahrtausends familienpolitisch klar veränderte.

Für die katholische Kirche ist es vor allem die Schwächung des Instituts der Ehe, die es zu kritisieren gilt. Die sozialdemokratische Formel „Familie ist da, wo Kinder sind" wird zwar von Angela Merkel nicht eins zu eins übernommen. Es heißt in der Union im Grundsatzprogramm von 2007 jetzt: „Familie ist, wo Eltern für Kinder und Kinder für Eltern dauerhaft Verantwortung tragen." Doch scheint einigen das eine windelweiche Formulierung, die mehr oder weniger alles zulässt. Auf jeden Fall ist von Ehe nicht mehr die Rede. Die Ehe aber ist grundgesetzlich geschützt, deswegen beteuert auch die Union ihren Wert. Aber in der Stoßrichtung hat Merkel die Union eben auch auf Kinder ausgerichtet. Das sogenannte Familiensplitting im Steuerrecht wird gefordert, dabei wird dann, aus verfassungsrechtlichen Gründen, ein Abstand zum Ehegattensplitting erhalten bleiben. Dass die Ehe aber auch ohne Kinder einen Wert an sich darstellt, diese Vorstellung ist in der Gesellschaft nicht mehr ganz so stark verbreitet, in der Union nicht, und Merkel vertritt sie auch nicht offensiv.

Die inhaltliche Neuaufstellung der Union, sagen einige, würde ihren Charakter ändern. Zumindest in einem Politikfeld ändert Merkel die bisherige Positionierung in eine Richtung, die kirchlichen Forderungen entgegenkommt. Die Union versöhnt sich mit der Situation der Zuwanderung in Deutschland. Die große Koalition unter Merkels Führung setzte mit dem Integrationsgipfel und der Islamkonferenz deutliche Zeichen in Richtung eines anderen Umgangs mit Ausländern und Menschen mit Migrationshintergrund in Deutschland. Der damalige Bundesinnenminister Wolfgang Schäuble war dabei die Schlüsselfigur. Er, der konservativ-protestantische Kopf, befürwortet den Bau von Moscheen, erklärt, der Islam in Deutschland sei eine Realität, mit der auch die Deutschen sich anfreunden müssten. Gleichzeitig gibt es beim Nachzug von Familienangehörigen, bei Sprachanforderungen und bei der Einbürgerung strikte Regeln, die etwa bei den Grünen oder bei türkischen Verbänden für Protest sorgen. Insgesamt hat Angela Merkel aber einem klassischen konservativen Streitthema die Spitze genommen.

Selbst im Hessen-Wahlkampf 2008, als Roland Koch das Thema „kriminelle Ausländer“ benutzen will, schlägt die Polemik kaum mehr auf die Bundesebene durch. Insgesamt hat Merkel auch in Bezug auf Rechtsradikalismus und Vergangenheitsbewältigung eine strikte Linie gezogen. Das hat der Bundestagsabgeordnete Martin Hohmann gespürt, als er nach einer umstrittenen Äußerung aus Fraktion und Partei ausgeschlossen wurde. Einige meinten damals, Merkel habe übereilt gehandelt. Auch Ministerpräsident Günther Oettinger wurde von seiner Bundesvorsitzenden gemaßregelt, als er 2007 bei der Beerdigung von Exministerpräsident Hans Filbinger dessen NS-Vergangenheit relativierte.

Die Sonne der Gerechtigkeit

„Das Ausgreifen radikaler kapitalistischer Mechanismen auf die gesamte Gesellschaft bedroht unser aller Würde, es schafft in der Tat ein System der Verantwortungslosigkeit. Wir werden zu Geiseln der Finanzmärkte. Das ist ein moralisches und politisches Problem." Diese scharfen Töne kommen nicht aus der Politik, es ist der Warnruf von Erzbischof Reinhard Marx aus München im Sommer 2010 in einem Interview mit der Frankfurter Rundschau. Nach Selbstkritik angesichts der Missbrauchsdebatte und Selbstbehauptung angesichts zunehmender Säkularisierung findet er zu seinem eigentlichen Thema zurück, der Gerechtigkeit. „Die Ökonomisierung aller Lebensbereiche unterwirft den Menschen der Idee des Zwecks und des Nutzens. [Diese] Gefährdung, ... sie macht der Kirche schwer zu schaffen." Marx so wie viele katholische Verbände und auch Bischöfe kritisieren das Sparpaket der Bundesregierung scharf. Der Münchener Erzbischof, der mit seinem populären Buch „Das Kapital" die sozialpolitische Debatte für die Kirche zurückerobern wollte, mahnt grundlegende Strukturreformen an. Das sei versprochen, aber nicht geliefert worden, die Gesundheitsreform belaste die Schwachen zu sehr und schließlich zweifelt er noch die Agenda 2010 von Kanzler Schröder an. Damals habe man „nicht genug rebelliert". Wer also nach Angela Merkel und dem Verhältnis zur Kirche fragt, wird in der Debatte in diesem Politikfeld eine schon länger andauernde Trennungsbewegung erkennen. In der SPD-Parteizentrale heißt es, gefühlt sei die katholische Kirche doch eine Verbündete der Union, doch in den konkreten politischen Fragen lässt sich das so nicht mehr überall ablesen. Die Sozial- und Wirtschaftspolitik scheint das Politikfeld zu sein, wo eine Entfremdung abseits der großen Schlagzeilen stattgefunden hat.

Inzwischen ist die neoliberale Mode fast wieder verflogen, doch die Dissonanzen sind noch da. Wie sehr aber die Gerechtigkeitsfrage, neben den anderen Themen, das Verhältnis von Union zu den Kirchen zerrüttet hat, geht aus einem Interview hervor, das Erzbischof Robert Zollitsch als neuer Vorsitzender der Bischofskonferenz im Februar 2008 dem „Spiegel" gab. „Die CDU hat sich stärker neoliberalen Thesen angenähert – und steht dabei in der Gefahr, die ‚soziale Marktwirtschaft' oder das ‚Soziale' nicht mehr genügend im Blick zu haben."

Als Angela Merkel zum Jubiläum der Katholischen Akademie „Die Wolfsburg" nach Essen kam, da ließ sich vielleicht spüren, dass die Gespräche um Gerechtigkeit und sozialen Fortschritt etwas aneinander vorbeilaufen. Merkels Melodie ist eine andere als die von Marx oder dem neuen Ruhrbischof Franz-Josef Overbeck. Zwei Fragen müssten in der Sozialpolitik miteinander verbunden sein, so die Kanzlerin. Zum einen die Frage, wie für den einzelnen Menschen in der Gesellschaft Möglichkeiten zur Teilhabe, aber auch persönlichen Entwicklung geschaffen werden könnten; zum anderen aber auch die Frage: „Wie kann ich den Einzelnen zu mehr Verantwortung für das Ganze, aber aus freiheitlicher Entscheidung heraus, bewegen?" Subsidiarität ist der Kanzlerin Lieblingswort der katholischen Soziallehre. Im Marx-Interview heißt es dazu: „Wir denken zu wenig darüber nach, wie ein ermöglichender Sozialstaat aussehen müsste. Dabei geht es nicht nur um die Umverteilung von Geldern, sondern um Teilhabe an der Gesellschaft und Ermöglichung von persönlichen Lebensperspektiven. Wir haben uns weit vom gesellschaftlichen Ideal der Durchlässigkeit entfernt. Das aber widerspricht der Idee des Sozialstaats."

Die Debatte um die soziale Frage hat die katholische Kirche vernachlässigt – und auch die Union hat sie in ihrer Oppositionszeit bisweilen vergessen. Das zeigte sich an den Beschlüssen des berühmten Leipziger Parteitags. 2004 hatte die CDU/CSU die Arbeitsmarktreformen der Schröder-Regierung weitgehend mitgetragen. Unter Protest, auch aus den eigenen Reihen, gab es schon eine Art große Koalition vor der Großen Koalition, in der unter anderem die Hartz-Reformen beschlossen wurden. In der Folge erlebte Deutschland massive Proteste, Demonstrationen, nicht zuletzt eine Stärkung der PDS/Linken und massive Wahlniederlagen sowie Mitgliederschwund für die SPD. In dieser Situation sagte Angela Merkel 2004 bei der Bundestagung des EAK, dass sie „sehr enttäuscht“ sei über Bischof Wolfgang Huber, den Ratsvorsitzenden der Evangelischen Kirche in Deutschland. Sie selbst hatte noch sein Buch „Vor Gott und den Menschen“ vorgestellt und damit eine Art Schulterschluss von ihrer Kirche und der Union zur Schau gestellt. Doch jetzt maßregelt sie die Kritik an den Reformen, obwohl gleichzeitig immer Reformen angemahnt worden seien. Sie lobt die Sozialworte der Kirchen von evangelischer und auch von katholischer Seite, die für Veränderungen im Sozialsystem geworben hatten. Wenn jetzt kritisiert würde, die Maßnahmen seien nicht zumutbar, müssten auch Alternativen aufgezeigt werden. „Es hat keinen Sinn, sich im Allgemeinen aufzuhalten, denn die Menschen haben ein feines Gespür dafür, ob auch die Kraft besteht, im Konkreten etwas durchzusetzen.“[61]

Die soziale Frage war immer ein Konfliktpunkt zwischen den Kirchen und der Union. Da macht die Merkel-Zeit keine Ausnahme. Doch Anfang des neuen Jahrtausends war durch den Reformdruck Bewegung in den alten Stellungskrieg von Wirtschaftsfreundlichkeit und sozialem Ausgleich gekommen. Das umfängliche Sozialpapier der Kirchen von 1997 hatte noch zu Kohls Zeiten für Aufsehen gesorgt, da es eine massive soziale Schieflage brandmarkte. Es war durch einen ausführlichen Konsultationsprozess mit den Mitgliedern zustande gekommen und hatte dadurch eine hohe Akzeptanz. Möglicherweise hatte es zur Abwahl Kohls 1998 mit dazu beigetragen, da es die allgemeine Wechselstimmung beförderte. Die Situation war 2003 eine ganz andere. Mit dem katholischen Papier „Das Soziale neu denken" wurde eine vorsichtige Revision klassischer Sozialpolitik eingeleitet und der Weg hin zu einer Reformpolitik geöffnet. So war etwa das Prinzip „Fördern und Fordern", das sich später in den Arbeitsmarktreformen der Agenda 2010 wiederfindet, dort schon angelegt. Auch die Idee der Eigenverantwortung wurde betont. Doch dieses Positionspapier, das wesentlich von Bischof Reinhard Marx mitgeschrieben wurde, fand noch nicht einmal innerhalb der Bischofskonferenz eine Mehrheit. Es gab massive Kritik von Teilen der Kirche an dem Kurs von Kardinal Karl Lehmann, der die Reformpolitik Schröders vorsichtig unterstützte. Hartz IV habe zu einem Prozess der Verarmung und Entwürdigung geführt, wetterte etwa der katholische Sozialethiker Friedhelm Hengsbach.

Bei Protestanten und Katholiken war die Reformpolitik umstritten, es gab Befürworter und Gegner auf beiden Seiten. Das machte es Merkel einfacher. Wie weit die sozialen Einschnitte gehen dürften oder nicht, dazu gab es nur nach außen eine einheitliche Meinung. Doch Merkel wehrte sich dagegen, dass die Politik von den Kirchen haftbar gemacht wird, je nach politischer Großwetterlage, innerkirchlicher Stimmung und öffentlichkeitswirksamer Opportunität. Deswegen ihre Bischofsschelte, die zudem ja noch dem ehemaligen Sozialdemokraten Huber galt. Merkel hatte sich spätestens seit dem Leipziger Parteitag 2003 als marktliberale Leitfigur positioniert. Leistungsbereitschaft und Marktwirtschaft, Wachstum und Freiheit waren ihre Vokabeln, die auch in einen „neoliberalen" Zeitgeist passten. Inzwischen – nach dem knappen Wahlsieg 2005 und angesichts der Wirtschaftskrise – sieht der Wirtschaftsflügel Merkel schon wieder am linken Rand.

Doch noch 2006 beim „Wertekongress“ der Partei, der im Rahmen der Grundsatzprogramm-Diskussion abgehalten wurde, bringt sie ihre wirtschaftspolitische Überzeugung mit ihrer christlichen Überzeugung zusammen. „Wettbewerb gilt nicht nur im wirtschaftlichen Bereich. Der Gedanke des Wettbewerbs, verbunden mit dem christlichen Menschenbild, ist ein grundsätzlich sehr interessanter Gedanke. Die Marktwirtschaft – über sozialen Ausgleich habe ich noch gar nicht gesprochen – ist eine großartige Errungenschaft, weil aufgrund der unantastbaren Würde jedes einzelnen Menschen jeder Mensch das gleiche Recht hat, mit einem anderen Menschen in Wettbewerb zu treten.“

Sie ist schon fast Kanzlerin, da hält sie 2005 in Hannover auf dem Kirchentag eine Bibelarbeit. Das evangelische Großereignis gerät in den Wahlkampf hinein, nachdem Franz Müntefering und Gerhard Schröder nach der verlorenen Landtagswahl in Nordrhein-Westfalen Neuwahlen angekündigt hatten. Tatsächlich gerät das Großtreffen der Frommen im Mai zu einem politischen Schaulaufen – und es ist für die CDU-Vorsitzende und mutmaßliche Kanzlerkandidatin kein Heimspiel. Die evangelische Kirche ist in ihrem Mainstream eher links, zumindest rot-grün. Die CDU ist eben nicht nur besonders katholisch geprägt, die SPD ist demgegenüber eben auch sehr protestantisch beeinflusst. Das Wahlergebnis 2005 belegt diese traditionelle Milieu-Geografie dann auch immer noch. Eine zumindest relative Mehrheit der Protestanten wählte SPD (40 Prozent), eine deutliche Mehrheit der Katholiken stimmte für die Union (48 Prozent).

So ist es kein herzlicher Empfang, den die Protestanten Angela Merkel bereiten, als sie über die Kirchenmeile schlendert. Der Pressedienst des Veranstalters selbst vermeldet sogleich, Merkel sei umzingelt von Sicherheitsleuten und treffe keinen Kirchentagsbesucher persönlich. Umweltgruppen demonstrieren in der Nähe der früheren Umweltministerin und werfen ihr die Unterstützung der Atomenergie vor. Vor allem aber ihre vorsichtige Unterstützung für George W. Bush im Irakkrieg macht sie für viele aus dem evangelisch-kirchlichen Spektrum zur persona non grata. Dennoch: Der Saal 1 im „Convention Center“ war schon eine halbe Stunde vor Veranstaltungsbeginn wegen Überfüllung gesperrt. Angela Merkel sollte an diesem Morgen über den alttestamentarischen Text Maleachi 3 sprechen. Es wird eine theologische Rundfahrt, die wenig Tagespolitik, das heißt wenig Wahlkampf enthält, dafür auffallend viel Kirchenkritik. Bundeskanzler Gerhard Schröder indessen wählt den großen Auftritt und eröffnet draußen auf dem Freigelände vor großer Masse die Veranstaltung – ohne Theologie.

Den Propheten Maleachi, der als einer der „kleinen“ Propheten bezeichnet wird und den Schlusspunkt des Alten Testaments bildet, erklärt Angela Merkel zunächst in seiner Epoche. Es ist eine Krisensituation Israels nach der Rückkehr aus dem Exil, als der Prophet an Gott erinnert. Die Pastorentochter bezieht das auf die Gegenwart und illustriert mit ihrer Bibelarbeit auch ihr Verständnis vom Umgang mit aktuellen Problemlagen. Dabei nimmt sie sich den Begriff der Gerechtigkeit vor, der in den Auseinandersetzungen um die Sozialpolitik und überhaupt bei der Frage nach christlicher Politik die zentrale Rolle spielt. Sie kritisiert die oft „akademischen Gerechtigkeitsdiskurse unserer Tage“ und verweist auf das alttestamentarische Verständnis von Gerechtigkeit, das direkt auf die Gemeinschaft bezogen sei.

Sie schwärmt von dem „wunderschönen Bild“ der „Sonne der Gerechtigkeit“, von der der Prophet spricht. „Gerade vor dem Hintergrund der aktuellen politischen Diskussionen um die Zukunft unseres Sozialstaates finde ich diesen Hinweis interessant: Das hebräische Wort Zedaka, das wir mit Gerech-

tigkeit übersetzen, ist eigentlich mit praktizierter ‚Gemeinschaftstreue' zu übersetzen. Und zwar Gemeinschaft mit Gott und den Menschen." Gerechtigkeit sei dann nicht mehr ein losgelöster Maßstab, sondern immer „geübte Solidarität", es gehe um zu schützende „Gemeinschaftsverhältnisse", in denen jeder seinen Platz habe. „Gerechtigkeit im Alten Testament blickt auf den Gemeinschaftswillen aller. Und damit ist wirklich jeder – an welchem Platz er auch immer sei – gemeint." Gerechtigkeit sei damit nicht nur eine sozialpolitische Frage. Man könnte ergänzen: Nicht nur eine Frage danach, wie hoch der Regelsatz bei Hartz IV ist.
Vielmehr warnt sie in diesem Zusammenhang vor einer Überschätzung der Politik. „Ich finde den Gedanken inspirierend, dass die sozialen und wirtschaftlichen Probleme, vor denen auch wir gegenwärtig stehen, nicht allein politischer, sozialer und wirtschaftlicher Art sind, sondern auch geistiger (oder sogar geistlicher) Art. Ist unserer Gesellschaft nicht ein Stück weit Orientierung und Bewusstsein um unsere jetzigen Grundlagen verloren gegangen? Müssen wir uns nicht wieder stärker auf unsere Wurzeln und unser Wertefundament besinnen?" Die Beschwörung einer geistig-moralischen Krise und die Anmahnung einer Wertedebatte gehören durchaus zum Standardrepertoire konservativer Politiker.

Der Streit um das Leben

Bioethische Debatten gehören inzwischen zum Alltag des Bundestages. Angela Merkel begleiten diese Fragen des rechtlichen und ethischen Umgangs mit dem Leben, vor allem am Anfang und am Ende, seitdem sie in der Politik ist. In der zurückliegenden Legislaturperiode waren es Diskussionen um eine Eingrenzung der Spätabtreibung sowie die Auseinandersetzung um die Stammzellforschung. In der neuen Regierungszeit wird das Thema Präimplantationsdiagnostik (PID) nach einem Urteil des Bundesgerichtshofs im Juni 2010 erneut auf die Tagesordnung kommen. Das Gericht hatte eine Schallmauer durchbrochen, in dem es einen Arzt freigesprochen hat, der eine genetische Untersuchung künstlich hergestellter Embryonen vorgenommen hatte. Dieser sogenannte Gentest soll verhindern, dass behinderte oder geschädigte Embryonen in den Mutterleib eingepflanzt werden. Gegen diese Selektion rührt sich massiver Protest von den Kirchen, von Lebensschützern und Behindertenverbänden, aber auch von einigen Abgeordneten.

Angela Merkel hat sich dazu schon im Frühjahr 2002 geäußert. Damals sagte sie im Interview mit der Osnabrücker Kirchenzeitung „Kirchenbote“, sie lehne PID ab. Es sei „außerordentlich schwer und gefährlich“ zu entscheiden, welche Behinderung so schwer sei, dass sie eine vorgeburtliche Selektion begründen könnte. Das CDU-Parteiprogramm ist noch klarer, es fordert ein Verbot der Gentests bei In-Vitro-Embryonen. In der FDP gibt es jetzt Bestrebungen, PID freizugeben. In der Union wird der gegenteilige Ruf laut. Wieder einmal wird es vermutlich zu einem grundlegenden Streit kommen. Wird Merkel bei ihrer Haltung von 2002 bleiben, wird sie einen Kompromiss suchen? Dass man das im Voraus bei ihr

nicht ganz sicher weiß, gehört wohl zu ihrem Spezifikum. Zwischen Freiheit und Selbstbestimmung des Einzelnen und dem Schutz des ungeborenen Lebens drehen sich dabei immer wieder die Argumente.
Mutter all dieser Debatten ist die Auseinandersetzung um die Abtreibungsregelung nach der deutschen Einheit Anfang der 90er Jahre. Auftakt dazu war die Sitzung am 26. September 1991 – überhaupt erst der siebte Auftritt Merkels vor dem Hohen Haus. Die Sitzung hatte schon früh am Morgen im Alten Wasserwerk am Bonner Rheinufer begonnen. Das westdeutsche Parlament hatte wiederholt Debatten zur rechtlichen Bewertung von Schwangerschaftsabbrüchen gesehen. Es war nun die erste Aufführung des alten Stoffs in neuer großer Runde, im wiedervereinigten Deutschland. Mit dabei waren die Abgeordneten von der PDS und einige Mitglieder der Bürgerbewegung der DDR, die sich im Bündnis 90 den Grünen angeschlossen hatten. Auf der anderen Seite des Spektrums waren alte konservative Haudegen der Union, wie es sie im Parlament nun bald 20 Jahre später kaum noch gibt. Nur der katholische Abgeordnete Norbert Geis (CSU) saß damals und sitzt immer noch im Bundestag, er hat vor knapp 20 Jahren für eine Strafbarkeit von Abtreibung gekämpft und täte das wohl auch heute noch, stünde die Frage an.
Angela Merkel ist an diesem Tag, knapp ein Jahr nach der Deutschen Einheit, ziemlich unwichtig, obwohl sie Frauenministerin ist. Sie spricht um 14 Uhr, nach der Mittagspause. Nicht alle Abgeordneten kommen vom Essen rechtzeitig zur Rede Merkels zurück in den Plenarsaal. Die bekannten und wichtigen „Vorturner" wie Rita Süssmuth (CDU) und Heiner Geißler (CDU), auch Hans-Jochen Vogel (SPD), hatten längst schon gesprochen. Es gab am Vormittag bereits einen heftigen Schlagabtausch mit vielen Zwischenrufen mit mitunter beleidigenden Untertönen auf beiden Seiten. Was stand zur

Debatte: Lebensschutz gegen das Selbstbestimmungsrecht der Frau. Diese eingeübte Konstellation machte auf die Außenstehende Merkel in dieser unversöhnlichen Konfrontation einen geradezu erschreckenden Eindruck. Auf der Tagesordnung stand die Neufassung des Paragrafen 218 des Strafgesetzbuches, der die Strafbarkeit von Schwangerschaftsabbrüchen regelt. Diese Neufassung des Gesetzes, das in der Ursprungsfassung noch aus dem Kaiserreich stammt, war nötig geworden, da durch die Wiedervereinigung die Rechtslagen in Ost und West angeglichen werden mussten.

Bei den Verhandlungen zum Einigungsvertrag hatte man sich nicht auf eine gemeinsame Regelung verständigen können. Kohl soll deswegen getobt haben, weil Lothar de Maizière in der Frage nicht nachgegeben hat. Deswegen wurde der gesamtdeutsche Bundestag beauftragt, die Rechtseinheit in dieser Angelegenheit herzustellen. In der DDR galt seit 1972 eine liberale Fristenregelung. In der Bundesrepublik Deutschland hingegen eine sogenannte Indikationsregelung. Die besagte, dass Abbrüche nur in vier verschiedenen Fällen straffrei bleiben. Bei der Fristenregelung hingegen war lediglich die Einhaltung einer Dreimonatsfrist die Hürde für die Straffreiheit. Die vier im Westen gültigen Kriterien waren die medizinische, die kriminologische, die eugenische und die soziale Indikation.

Die gegnerischen Positionen gipfelten in Aussagen etwa der Abgeordneten Christina Schenk (Bündnis 90, später PDS), Abtreibung müsse legales Mittel der Familienplanung sein, da Verhütungsmittel gesundheitliche Schäden bei der Frau verursachen könnten. Schenk hatte sich zu Zeiten der DDR in der evangelischen Kirche und bei der Opposition engagiert. Ihre Position sorgte für erhebliche Proteste bei der CDU/CSU-Fraktion. Am anderen Ende des Meinungsspektrums befand sich etwa jener schon erwähnte Norbert Geis, der darauf verwies, dass eine Straffreiheit bei vorgeburtlicher Kindstötung durch Abtreibung jeglicher Grundlage im Rechtssystem entbehre.

Zur Debatte standen, grob gesagt, zwei Entwürfe. Im tatsächlichen parlamentarischen Verfahren gab es weitere Anträge, die Minderheitenpositionen wiedergaben. Der eine Vorschlag einiger SPD-Parlamentarier, der auch von der FDP unterstützt wurde, sah vor, eine veränderte Fristenregelung mit Beratungsangebot auch im Westen einzuführen. Auf der anderen Seite stand ein Unionsentwurf, zu dem sich die Abgeordneten von CDU/CSU auch nur mit Mühe hatten durchringen können. Er enthielt eine Indikationslösung, die allerdings leicht verschärft war gegenüber dem geltenden Recht, da ein Arzt die letztendliche Entscheidung über die Abtreibung, das heißt über die Lage der Frau, treffen sollte. Angela Merkel scheiterte mit ihrer Rede. Das wird ihr, so viel lässt sich sagen, später so nicht noch einmal passieren.

Gegen ihre innere Überzeugung verteidigt sie den Unions-vorschlag. Doch dafür ist sie eine zu ehrliche Haut, das merkt die Opposition – und nicht nur die. Sie beginnt ihre Rede, indem sie Verständnis für die Situation der Frauen äußert. Sie warnt vor einer unsachlichen Debatte und Übertreibungen. Doch gerade diese Besänftigungen besänftigen keinen, sondern offenbaren eher ihre inhaltliche Unsicherheit. „Es macht mich betroffen, wenn die Entscheidung, die wir zu treffen haben, mit dem Schießbefehl an der Mauer gleichgesetzt wird. Ich vermute, dass sich auch die allermeisten katholischen Christen, die sich um eine vernünftige und sachgerechte Lösung bemühen, in dieser Frage bei einem solchen Vergleich missverstanden fühlen." Davon kann Angela Merkel natürlich ganz und gar nicht ausgehen, dass die Katholiken solche Vergleiche für überzogen halten, vielmehr hatte die verbale Aufrüstung erst begonnen.

Fuldas Erzbischof Johannes Dyba hatte damals gerade zum ersten Mal vom „Baby-Holocaust“ gesprochen. Kardinal Meisner stimmte wegen der Abtreibungsfrage seine Litanei vom Streichen des „C“ an. Schon der Unionsentwurf galt vielen Bischöfen als Sündenfall. Dass die CDU-Jugendministerin, die zaghaft diesen Entwurf verteidigt, doch eigentlich eine Fristenlösung sich vorstellen könne, auf ihrer Seite stünde, kam gewiss keinem in den Sinn. Spätestens hier beginnt die Geschichte des wechselvollen (oder angespannten?) Verhältnisses von Angela Merkel und der katholischen Kirche. Und spätestens hier bekam sie den Stempel aufgedrückt, eine ostdeutsche Liberale zu sein. Dass sie Protestantin ist, fiel unter den Tisch. In der Debatte bekam die SPD noch die Gelegenheit, sie vorzuführen. Natürlich könne nur die Frau allein entscheiden, ob ihre Lage so schwerwiegend sei, dass sie einen Abbruch in Erwägung ziehe, erklärte Merkel. Die Zwischenrufe kamen prompt. Denn im Unions-entwurf wurde ja gerade dem Arzt die abschließende Entscheidung aufgebürdet. Merkel verteidigt sich noch. Aber im Grunde war klar, Merkel war in dieser Frage nicht stark, sondern schwach.

Ganz am Ende des Prozesses, einige Jahre später, sollte Angela Merkel ungefähr die Regelung bekommen, die ihr von Anfang an vorschwebte: eine Indikationsregelung mit Beratungspflicht, die aber die Entscheidung letztlich der Frau überlässt. Das ist seit dem 1. Oktober 1995 in Kraft und heute geltendes Recht. Bis dahin gab es einige Abstimmungen, ein Urteil des Bundesverfassungsgerichts, neue Debatten und weitere Abstimmungen. Für Angela Merkel blieb es die ganze Zeit ein Drahtseilakt. Sie verwendet in den späteren Debatten die Formel vom „Helfen statt Strafen“, um ihre Position zu charakterisieren. Vermutlich hatte sie sie im Bundestag selbst gehört. Denn sie stammte von Hans-Jochen Vogel, er hatte sie bereits an diesem 26. September 1991 verwandt. Er selbst,

überzeugter Katholik, war auch einer, der in dieser Frage vermitteln wollte. Nur war er damals noch weitaus erfahrener als sie.
Am 25. Juni 1992 stimmt der Bundestag über die vorliegenden Entwürfe ab. Der Gruppenantrag, der mehrheitlich von der SPD unterstützt wurde, setzt sich durch. Der Kohl-Regierung wurde erstmals nach zehn Jahren eine Niederlage beigebracht – mit Hilfe von 32 Unionsabgeordneten, die nicht dem eigenen Entwurf folgten. Angela Merkel gehörte nicht dazu, doch bei der entscheidenden Abstimmung enthielt sie sich der Stimme. Das allein war schon ein sehr deutliches Signal. Ihr Verwirrspiel wurde noch undurchsichtiger dadurch, dass sie angeblich die Klage beim Verfassungsgericht gegen das Fristenlösungsgesetz unterstützt hat. Sie hat das wiederholt behauptet, doch ihre Unterschrift findet sich, wie Gerd Langguth herausgefunden hat, nicht unter der Klageschrift. Sie entgegnet darauf, sie habe die Klage aber politisch unterstützt. Der Druck von Fraktionschef Wolfgang Schäuble, der Klage beizutreten, war wohl groß. Das Karlsruher Urteil schließlich, das die Regelung verwarf, konnte sie wieder aus vollem Herzen bejahen. Schließlich war sie für einen anderen Mittelweg, der sich bis dahin nirgendwo politisch wiedergefunden hatte.
Auch Helmut Kohl blieb in dieser Frage nicht eindeutig. Seine Haltung illustriert gut seinen Umgang mit kirchlichen Positionen und kirchlicher Einflussnahme. Er musste für eine einigermaßen der katholischen Haltung konforme Regelung kämpfen. Alles andere hätte seine Wählerklientel ihm verübelt. „Der Spiegel", der allerdings in dieser Frage sehr kämpferisch auftrat, überliefert die Kohl-Äußerung: „Wir zeigen Flagge und gehen kämpfend unter." Kirche ist nicht mehr gleich Union, diese Debatte war ein weiterer großer Schritt zur Säkularisierung der Partei. Dass Angela Merkel in diesen

Prozess passte, besonnen, ohne besonderen Eifer, das wusste auch Kohl. Sie selbst nennt die Neuregelung des Paragrafen 218 ihre größte Bewährungsprobe des ersten Jahres.
Im Rückblick, wenige Monate nach der Abstimmung, sagt sie: „In der Diskussion über diese Frage bin ich nur auf Menschen gestoßen, die eine klare, eindeutige Meinung vertraten. Innerhalb der Union war die Auseinandersetzung besonders heftig. Ich habe mich dafür eingesetzt, die Auseinandersetzung stilvoll, also ohne Diffamierung unbequemer Ansichten, zu führen. Ich habe mir gesagt, wenn ich schon meine Meinung nicht ohne Abstriche durchsetzen kann, will ich wenigstens zu einer Lösung beitragen, mit der ich leben kann. Während der ganzen Auseinandersetzung war der Druck von allen Seiten, auch der öffentliche Druck, so stark, dass ich am Schluss kaum noch wusste, was ich selber will. Das hat meine eigene Entscheidung so schwer gemacht. Im Bundestag habe ich mich dann doch für den CDU-Antrag ausgesprochen, obwohl er in einem wichtigen Punkt nicht meiner Auffassung entsprach."[62]
Jahre später schlendert Angela Merkel über den Katholikentag in Osnabrück. Nur an einem einzigen Stand, einem kleinen Zelt mit Tisch, Stühlen und einer Kaffeemaschine, setzt sie sich und verweilt. Ein Schreckensszenario für die Sicherheitskräfte: Warum sucht die Bundeskanzlerin sich denn ausgerechnet diese kleine, enge Nische aus, um mit ein paar älteren Damen zu plaudern? Das war sicherheitstechnisch kaum zu kontrollieren. Es ist das Zelt von „Donum Vitae", es begrüßt sie die langjährige Vorsitzende und einstige Präsidentin des Zentralkomitees der deutschen Katholiken, Rita Waschbüsch. Die Frauen umarmen sich, so viel Herzlichkeit überrascht inmitten des Trubels, der Hektik, der Schaulustigen.
„Donum Vitae" heißt „Geschenk des Lebens" und ist ein Verein von katholischen Laien, der deutschlandweit die soge-

nannte Schwangerenkonfliktberatung anbietet. Jene Beratung, die nach dem geltenden Recht vorgeschrieben ist, will man einen Schwangerschaftsabbruch vornehmen lassen. Um diese Pflichtberatung hatte es in den 1990er Jahren einen bis dahin ungekannt heftigen Streit in der katholischen Kirche gegeben. Rom verlangte den Ausstieg aus dem Beratungsangebot, da es mit dem sogenannten Beratungsschein den Freibrief zur Abtreibung liefere. Viele Bischöfe, Laien und katholische Politiker wünschten sich einen Verbleib der Kirche im staatlichen Beratungssystem, da die kirchlichen Stellen besser als andere helfen könnten, Abtreibungen zu verhindern. Es war ein Lehrstück im Streit zwischen Pragmatik und Prinzip. Klar, dass Angela Merkel auf der Seite der Pragmatik stand.

Die Kirche stieg aus, weil Rom es so angeordnet hatte. Laien gründeten „Donum Vitae“, der Verein ist seitdem innerhalb und außerhalb der Kirche geliebt und gehasst – je nach Überzeugung. Die Bundeskanzlerin der Bundesrepublik Deutschland hat ein deutliches Signal der Solidarisierung mit „Donum Vitae“ gesetzt. Das ist gegenüber den Bischöfen nicht sonderlich diplomatisch, auf diesem Teil des Rundgangs blieb sie auch ohne bischöfliche Begleitung. Damit bleibt die Abtreibungsfrage bis heute ein Politikum, zumal im Verhältnis von katholischer Kirche und Politik. Und damit bleibt der Kanzlerin auch bis heute eine deutliche Distanz erhalten, die Kohl so hat nicht entstehen lassen. Auch wenn er vielleicht in der Sache in Teilen ähnlich dachte wie Merkel.

Anfang des neuen Jahrtausends tritt ein weiteres Themenfeld in die öffentliche Debatte, welches die Kirchen stark politisiert hat und stark hat Politik betreiben lassen. Im Zentrum steht die Frage der embryonalen Stammzellforschung. Da befindet sich Angela Merkel schon auf einer ganz anderen Stufe ihrer Karriere, vor allem auf einem anderen Level ihrer persönlichen politischen Entwicklung. 2001 ist sie nicht mehr –

anders als noch 1991/92 – Neueinsteigerin, nur ein Teil der CDU, eine stellvertretende Vorsitzende ohne viel Hinterland. Sie ist die Vorsitzende der Volkspartei CDU, die Nachfolgerin von Kohl und Adenauer. Aber die CDU regiert nicht mehr. Das heißt, an konkretes Regierungshandeln, an die Umsetzung von politischen Vorstellungen ist gerade nicht zu denken. Außerdem steht eine Bundestagswahl vor der Tür, die erste, die Angela Merkel als Kopf der CDU zu führen hat. Als der Bundestag Ende Januar 2002 das Stammzellgesetz verabschiedet, hat Angela Merkel gerade eine ganz andere Entscheidung hinter sich. Am 11. Januar hatte sie beim berühmten Frühstück in Wolfratshausen Edmund Stoiber die Kanzlerkandidatur der Union angetragen und geht dadurch einer parteiinternen Niederlage aus dem Weg. Sie wusste, dass führende Landesverbände die gleiche Entscheidung gegen sie als Spitzenkandidatin auch ohne ihre Zustimmung hätten durchdrücken wollen. Sie hatte zunächst also eine große Niederlage einzustecken im Kampf um die Kanzlerschaft, hat aber schließlich auf längere Sicht gesehen gewonnen, da sie sich die Niederlage gegen Schröder im Herbst 2002 erspart hat. Und sie hat die große parteiinterne Niederlage umschifft, da sie selbst zu Stoiber gefahren ist. Nach der Bundestagswahl wird sie auch Oppositionsführerin im Bundestag und löst gegen dessen Willen Friedrich Merz ab. Ein Schritt, der immer wieder als besonders kühler machtstrategischer Schachzug interpretiert worden ist, obwohl es nur folgerichtig war, die Doppelspitze aus Parteivorsitz und Fraktionsführung anzustreben. Die Legende von der „männermordenden" Merkel wird weitergestrickt. Diese Geschichte hat ihren Anfang im Ende der Ära Kohl.

Nach dessen Wahlniederlage 1998 verliert Angela Merkel auch ihr Ministeramt. Sie wechselt in die CDU-Parteizentrale ins Konrad-Adenauer-Haus und wird neue Generalsekretärin der Partei unter dem Kohl-Nachfolger im Amt des Parteivorsitzenden, Wolfgang Schäuble. Die ersten Jahre der Opposition werden für die Union zum Höllentrip. Die sogenannte Spendenaffäre bringt die CDU an den Rand eines Ruins. Mit ihrem Zeitungsbeitrag in der „Frankfurter Allgemeinen Zeitung" vom 22. Dezember 1999 fordert Merkel ihre Partei auf, sich von ihrem Übervater loszulösen und die Zukunft selbst in die Hand zu nehmen. Sie würdigt die Verdienste Kohls, um gleichzeitig zu erklären, dass seine Zeit endgültig zu Ende ist. Es ist der mutigste Schritt ihrer bisherigen Karriere, wie sie selbst sagt. Kohl legt den Ehrenvorsitz nieder, Angela Merkel gewinnt an Profil. Dieser Text begründet ihren Ruf, auch gegen Denkmäler anrennen und furchtlos sein zu können.

Im weiteren Verlauf des Spendenskandals gerät auch Schäuble in den Verdacht, unsachgemäß Geld angenommen zu haben. Angela Merkel hatte zur Stabilisierung der Stimmung an der Parteibasis Regionalkonferenzen angesetzt. Nach dem Fall Schäubles werden diese nacheinander stattfindenden Diskussionsrunden mit der Generalsekretärin überall in der Republik, die nicht im Statut der Union vorgesehen sind, zu einer ungeplanten Werbetour für Merkel. Trotz einiger Widerstände und des Versuchs einiger Altvorderer wie Kurt Biedenkopf und Volker Rühe, sie zu verhindern, macht „Angies Roadshow" sie zur Favoritin für den Parteivorsitz.

Am 10. April 2000 wird die geschiedene Pastorentochter aus der ostdeutschen Provinz zur Vorsitzenden der Christlich Demokratischen Union Deutschlands gewählt. Zum ersten Mal eine Frau an der Spitze der Konservativen, nach Ludwig Erhard und Wolfgang Schäuble zum dritten Mal ein Protestant als Vorsitzender der CDU. Nie zuvor hatte die CDU an der Spitze jemanden, der geschieden und wiederverheiratet war und keine eigenen Kinder hat. Die oft Geschmähte gehört inzwischen, im Jahr 2010, schon zu den Dienstältesten der ins-

gesamt sieben CDU-Chefs seit 1949. Nur Adenauer mit 16 und Helmut Kohl mit 25 Jahren sind ihr, was die Amtszeit angeht, noch weit voraus.
Ihre erste Rede im Bundestag zum Thema Stammzellforschung hält Angela Merkel am 31. Mai 2001. Vor ihr sprach der SPD-Fraktionsvorsitzende Peter Struck. Er hatte gerade dafür geworben, diese Debatten in bioethischen Fragen und vor allen daraus resultierende Entscheidungen ohne die sonst übliche Fraktionsdisziplin zu führen. Jeder solle allein nach seinem Gewissen zu seinem Votum kommen. Doch bis zu einer Entscheidung war es noch etwas hin, der Bundestag beschäftigte sich an diesem Tag mit diesen Themen, zu denen auch die Frage der Präimplantationsdiagnostik zählte, allein zur Meinungsbildung. Angela Merkel beginnt mit einem Satz, der eigentlich genügt, die ganze Debatte bis ins Jahr 2008 zu bestehen. „Menschliches Leben beginnt mit der Verschmelzung von Ei- und Samenzelle." Damit stellt sie sich auf den Boden katholischer und christlicher Lehre, damit setzt sie für sich zunächst einmal den höchsten ethischen Standard. Sie sagt es so: „Das ist für mich der Fixpunkt in der heutigen Debatte, und das ist für mich in der christlichen Verantwortung vor Gott begründet."
Doch diese kurze Rede aus dem Jahr 2001 liest sich wie eine Vorwegnahme dessen, was danach noch kommen sollte an Hin und Her und schwieriger Suche nach einem Kompromiss. „Wir müssen aufpassen, dass wir einen solchen Fixpunkt", so sagt die Parteivorsitzende, „nicht deshalb verschieben, weil wir gerne zu manchen Entscheidungen kommen würden, die mit diesem Fixpunkt nicht vereinbar sind." Da klingt noch der hohe ethische Anspruch an. Doch dann schiebt sie einen weiteren Satz nach, der mehr vernebelt als er verdeutlicht. Man könnte auch sagen, den ethischen Anspruch kurzerhand noch wegwischt. „Ein solcher Fixpunkt verschafft Klarheit.

Er ist aber nicht starr und gibt deshalb auf viele Fragen, die uns gestellt werden, keine abschließenden Antworten." Ein Fixpunkt, der nicht starr, also nicht fix ist? Das ist wohl wie ein Standpunkt, den man abläuft oder umkreist, aber eben in Wahrheit gar nicht einnimmt, nicht hat. Angela Merkel will sich nicht festlegen – so viel ist klar. Vielleicht ist sie auch gar nicht festgelegt, weil sie nicht festgelegt sein will.

Solche Debatten und weitere Beiträge belegen ihre Rolle als Moderatorin, die lange mit der eigenen Entscheidung wartet, um dann ganz am Schluss eine Entscheidung zu fällen, die möglichst mit den eigenen Überzeugungen konform geht, aber auch die ganze Partei mitnimmt, alle Bedenkenträger irgendwie besänftigt – und schließlich auch in der ganzen Gesellschaft vermittelbar ist. Sie will die Christen in der Partei, die Lebensschützer nicht verärgern, gleichzeitig gibt es viele, die Hoffnungen mit der Forschung verbinden. Die Debatte am 31. Mai 2001 hat mehr Fragen aufgeworfen als beantwortet.

Angela Merkel sagt im weiteren Verlauf der Rede, embryonale Stammzellen zu nutzen, verbiete das Embryonenschutzgesetz. Sie verlange ein Moratorium, bis es im Bundestag eine Einigung gibt, „ob wir Forschung an embryonalen Stammzellen wollen oder nicht". Der Vergleich mit der Debatte um die Abtreibungsfrage also bietet sich an. Angela Merkel persönlich favorisiert die liberalere Regelung, nimmt aber Rücksicht auf christliche oder anders gelagerte Kritiker, die den Schutz des Lebens im frühen Stadium hochhalten. Sie ist es nicht selbst, die hier die vermeintlich christlich-kirchliche Fahne schwingt.

Die embryonale Stammzellforschung ist in Deutschland einer breiteren Öffentlichkeit seit dem August 1999 bekannt. Damals gelingt es dem Bonner Forscher Oliver Brüstle, embryonale Mausstammzellen in Hirnzellen zu verwandeln. Solche und

ähnliche Forschungsergebnisse nähren die Hoffnung, diese Forschung könne, auf den Menschen angewandt, zu Heilung schwerer Krankheiten wie Alzheimer führen. So könnten aus menschlichen embryonalen Stammzellen neue menschliche Nervenzellen entstehen, die dann die geschädigten Zellen ersetzen würden. Doch diese Vision ist noch weit entfernt von einer Umsetzung, Kritiker sehen unüberwindbare Hürden, um eine solche Therapie mit Stammzellen möglich werden zu lassen. Vor allem aber, so wird befürchtet, würden dazu immer mehr menschliche Embryonen getötet werden müssen. Diese sogenannte verbrauchende Embryonenforschung würde menschliches Leben zur Ware machen. Wenn aber, wie Angela Merkels Fixpunkt besagt, menschliches Leben mit der Verschmelzung von Ei- und Samenzelle beginnt, dann würde doch auch dem Embryo die Menschenwürde zustehen. Eine Nutzung, auch zum Wohle anderer, dürfte es dann nicht geben.
Der Antrag, der dann am 30. Januar 2002 die Mehrheit im Bundestag erhält, ermöglicht den Import von im Ausland hergestellten embryonalen Stammzellen. Für beide Kirchen ist damit der „Dammbruch" passiert. Denn das Embryonenschutzgesetz, das eine Herstellung solchen Materials durch Tötung von Embryonen verbietet, wird umgangen. Ein Stichtag soll gewährleisten, dass sich keine Anreizwirkung aus dieser Regelung ergibt. Angela Merkel in einer vorweggenommenen großen Koalition unterstützt jetzt zusammen mit Bundeskanzler Gerhard Schröder diesen Kompromissentwurf, den im Vorfeld vor allem ein Kreis christlicher Abgeordneter mit Mitgliedern aus allen Fraktionen erarbeitet hatte. Die katholische Position, nämlich ein Verbot des Imports, taucht in einem gesonderten Antrag auf, der jedoch keine Mehrheit fand. Die Schreiber des Kompromisses hatten so erreicht, dass die Tür „nur einen Spalt weit" geöffnet wurde und nicht, wie andere wollten, deutlich weiter.

Die CDU-Chefin konnte sich so hinter einen Entwurf platzieren, der, so sah sie es, dem von ihr ein Jahr zuvor benannten Fixpunkt noch gerecht wurde und gleichwohl anerkannte, dass es nun mal diese Stammzelllinien schon gab und deswegen eine Forschung mit ihnen durchaus sinnvoll schien. Sie warnt weiterhin vor verbrauchender Embryonenforschung und wirbt in ihrer Rede für die adulte Stammzellforschung. Doch im Kern will sie die Forscher nicht ausschließen von der Weltgemeinschaft der Wissenschaft. Wir leben in einer „Gesamtwelt", aus der dürfe man sich nicht verabschieden. Im Bundestag bleibt sie in diesem uneindeutigen Sowohl-als-auch-Ton der Parteichefin.

Ein halbes Jahr zuvor, am 16. Juni 2001, steht sie frühmorgens in Frankfurt am Main in der Messehalle 7 am Pult. Ihr Thema: Wunder. Da wird sie deutlicher. Da spricht sie aus, was viele auch in der Unions-Bundestagsfraktion, so etwa der evangelische Pfarrer und frühere Generalsekretär Peter Hintze, denken: Die „Ethik des Heilens" dürfe nicht aus dem Blick geraten. Damit ist gemeint, auch die Möglichkeit, durch embryonale Stammzellforschung vielleicht einmal Menschenleben retten zu können, bedürfe einer moralischen Bewertung. Wer also auf die Forschung verzichte, der verhindere diese Hilfe in einem eventuellen Fall, macht sich womöglich auch schuldig dadurch, dass er es unterlässt, Leben zu retten. Wundern steht Angela Merkel äußerst skeptisch gegenüber.

Sie spricht zu dieser frühen Stunde auf dem Deutschen Evangelischen Kirchentag. Es ist eine Bibelarbeit, diesmal zu einem Text aus dem Markusevangelium. Es ist die Geschichte von der Auferweckung der Tochter des Jairus und der Heilung einer kranken Frau. „Das ist eine wundersame Geschichte", sagt sie. „Ich weiß nicht, wie es Ihnen geht. Ich finde, es ist auch eine strenge Geschichte."[63] Jesus geht zu dem Mädchen, als alle schon wissen oder zu wissen glauben, dass sie tot ist.

„Warum schreit und weint ihr?“, sagt er. „Das Kind ist nicht gestorben, es schläft nur.“ Angela Merkel interpretiert das als ungeheuer „hartes“ Element der Geschichte. „Wer den Glauben nicht hat, kann Jesu Worte nur als völlig unpassend empfinden.“ Sie selbst gibt zu, hier zu zweifeln, unsicher zu sein mit dieser Stelle. „Zumindest tue ich mich schwer damit, wider alle Vernunft und Erfahrung zu sagen: Jawohl das Kind ist gar nicht tot, es schläft nur.“

Merkel nimmt diese Geschichte, um die schwierigen Fragen von Glaube und Wissenschaft für sich auseinanderzunehmen. Wie weit reicht das Handeln der Menschen, wie weit das Gottes? Die kleine Bibelarbeit am frühen Sommermorgen enthüllt die tiefen Überlegungen der CDU-Vorsitzenden zu diesem schwierigen Feld. Es scheint so, dass sie in dieser geschützten Form der Textauslegung abseits des Taktierens in einer Volkspartei ihren eigenen Überlegungen freien Lauf lässt, obwohl auch in diesem Fall möglicherweise ein kluger Referent im Konrad-Adenauer-Haus damit beauftragt war, die Rede zu verfassen. Einer ihrer Redenschreiber sagte einmal dazu, sie würde sogar merken, ob ein verwendetes Bibelzitat aus der Lutherübersetzung stamme oder aus der Einheitsübersetzung. Und gegebenenfalls einen Korrekturwunsch an den Rand schreiben.

Für Angela Merkel ist der Text aus dem Markusevangelium Anregung, über den eigenen Glauben und das eigene Handeln nachzudenken. Dabei liegt die Betonung auf Nachdenken. Sie schließt nicht aus dem Text etwa auf eine Handlungsanweisung oder eine direkte Botschaft, die eine Glaubenslehre beinhalten würde. Also etwa: Nur Gott ist Herr über Leben und Tod und deswegen Hände weg von einer Forschung, die sich in diesem Grenzbereich aufhält. Ganz im Gegenteil, sie deutet die Geschichte auf den Menschen hin, niemals jemanden aufzugeben. Für sie ist Krankheit auch ein soziales Problem, Menschen alleine zu lassen, sie ihrem Leid

zu übergeben, alles das sei auch nicht eben gottgefällig. „Die Frau leidet an einer Krankheit, deren Folgen klar erkennbar sind – für sie und ihre Mitmenschen: Letztere haben massive Berührungsängste … Kein Wunder, dass diese Frau von Arzt zu Arzt geirrt ist und immer wieder versucht hat, ihr Leiden abzuschütteln." Hier zieht Angela Merkel die Brücke zur aktuellen Diskussion und in unsere heutige Zeit: „Eine solche Situation des Immer-auf-der-Hut-sein-Müssens ist für Menschen unwürdig. Das sollten wir uns immer wieder vor Augen halten, wenn wir über die Gentechnologie streiten. Dann haben wir manchmal sehr schnelle und sehr klare Antworten bereit, aber das faktische Leiden von Menschen bleibt bestehen."
Was vor allem auffällt: Die CDU-Vorsitzende hat in diesem Zusammenhang weder im Bundestag noch bei einem Parteitag jemals von Gott gesprochen. Sie hat ihre Position niemals selbst ethisch begründet, sondern von Abwägen geredet und davon, dass das Grundprinzip hochgehalten werden müsse, nämlich, dass der Embryo geschützt werden muss. Hier aber auf dem Kirchentag nimmt sie für sich auch Gott in Anspruch und fragt rhetorisch: „Aber haben wir nicht von Gott den Auftrag erhalten, Leiden zu lindern und Kranken zu helfen? Ist es nicht natürlich und gottgewollt, Krankheiten zu bekämpfen? Nicht mehr tut diese Frau auch – von Arzt zu Arzt." Und es scheint ein direkter Hinweis zu sein, auf die katholische und evangelische Kirche, auf große Teile in ihrer Partei, wenn sie als politische Konsequenz noch anmahnt, weniger ideologisch, weniger eindeutig in dieser Debatte zu sein als vielmehr eben abwägend, was sie immer tut und was ihr als Haltungslosigkeit immer gerne vorgeworfen wird. „Die Geschichte der Menschheit ist durchsetzt von Versuchen, jeweils ein Stück weit besser mit Krankheiten umgehen zu können. Deswegen rate ich dazu, die Debatte um Chancen und Risiken der Gentechnologie nicht so radikal zu führen, dass wir am Ende die Ethik des

Heilens aus den Augen verlieren." Konkret nimmt sie noch Bezug auf die Präimplantationsdiagnostik, bei der es um die Frage der Selektion von Embryonen im Reagenzglas und damit außerhalb des Mutterleibs geht. Sie sei sich „unsicher", sagt sie. „Ich meine, dass die Gentechnologie nur dort ihre Grenzen hat, wo sie in das Leben anderer eingreift." Bei der Stammzellforschung ist das aber der Fall, wenn man annimmt, dass Embryonen schon menschliches Leben sind. Dieses Dilemma löst sie auch in diesem Beitrag nicht auf, sie weist aber in die Richtung, in die sie denkt.

Die erneute Debatte beginnt schon Anfang 2006. Anders als noch 2002 regiert die CDU jetzt mit. Angela Merkel ist Regierungschefin. Die Katholikin und langjährige Vizepräsidentin des Zentralkomitees der deutschen Katholiken, Annette Schavan, ist ihre Forschungsministerin. Dass die Frage wieder auf die Tagesordnung kommen würde, war allen klar, trotz gegenteiliger Beteuerungen. Annette Schavan wusste wohl, dass es gerade ihr zufallen würde, diese Debatte noch einmal neu aushalten zu müssen. Die Bundesregierung wolle den Stammzellkompromiss nicht ändern, hatte sie zu Beginn der Regierungszeit erklärt, von der Bundesregierung werde keine entsprechende Initiative ausgehen. Es kam anders.

2006 scheiterte Annette Schavan mit dem Versuch, in Brüssel für die EU-Ebene eine dem deutschen Modell ähnliche Stichtagsregelung durchzusetzen. Die Europäische Union entschied gegen ihr Votum, künftig Stammzellforschung mit Mitteln der Gemeinschaft zu fördern. Einzige Einschränkung, das Geld dürfe nicht zur Tötung von Embryonen und zur Herstellung von Stammzelllinien verwandt werden. Das war aus Sicht der Kirchen in Deutschland und auch der Gegner in der Union und bei den Grünen zu wenig. Aus europäischer Perspektive, konnte Schavan zu Recht behaupten, war es schon recht viel, denn in Europa hat eine Mehrheit der Staaten keine

Bedenken. Die europäische Entscheidung hat die Debatte in Deutschland verändert.

Bischof Wolfgang Huber schreibt in einem Zeitungsbeitrag für die „Frankfurter Allgemeine Zeitung", dass eine Verschiebung des Stichtages nicht die ethische Qualität des Gesetzes berühren würde. Das bedeute, der Schutzstandard für Embryonen würde dadurch nicht verschlechtert. Das war ein kräftiges Signal an die Politik und an die Wissenschaft – und bedeutete eine Aufkündigung der gemeinsamen katholisch-evangelischen Haltung. Die bis dahin geltende Stichtagsregelung besagt, dass vor dem 1. Januar 2002 im Ausland hergestellte Stammzelllinien nach Deutschland importiert werden dürfen und zu Forschungszwecken genutzt werden können. Dadurch, so war die Argumentation 2002, werden keine neuen Embryonen getötet, da der Stichtag bereits in der Vergangenheit liege. Auch ein Anreiz zur Tötung von Embryonen könne ausgeschlossen werden.

Die Deutsche Forschungsgemeinschaft (DFG) forderte im November 2006 zum wiederholten Mal eine Abschaffung des Stichtags, da die alten Stammzelllinien zum Teil unbrauchbar und verschmutzt seien. Heute würde solches Material mit besseren Methoden hergestellt. Bischof Huber legte dar, dass nicht eine Abschaffung des Stichtags, sondern eine Verlegung dem Anliegen der Wissenschaft entspräche, aber diese zugleich nicht den Embryonenschutz infrage stelle, da der neue Stichtag wieder in der Vergangenheit liegen würde. Kritiker haben seitdem den Begriff der „ethischen Wanderdüne" geprägt, da eine fortwährende Verlegung des Stichtages einer Aufhebung gleichkomme, bei gleichzeitiger ethischer Absicherung. Die Position Hubers gab den Befürwortern der Stichtagsverlegung so etwas wie den christlichen Segen.

Auch wenn nicht die gesamte EKD ihm folgte, auch wenn einige andere evangelische Bischöfe sich prominent auf die „katholische“ Seite schlugen und gegen ihn argumentierten, war doch mit Huber die entscheidende Schwächung einer einheitlichen christlichen Position vollzogen und damit die Argumentationskraft entsprechend geschwächt. Im Kanzleramt war man sich klar, wie wichtig Huber für den Prozess war. Allen Anfeindungen auch gegen Annette Schavan und Angela Merkel zum Trotz, die nun gemeinsam für eine Verlegung des Stichtags eintraten, könnte man sogar sagen: Huber hat die Stammzellforschung insgesamt doch christlich salonfähig gemacht.

Bei Gesprächen zwischen den katholischen Bischöfen und der Kanzlerin gibt es keine Annäherung. Beobachter beschreiben die Atmosphäre als wenig herzlich. Merkel hält so etwas wie eine Privatvorlesung, in der sie die naturwissenschaftlichen Details erklärt. So genau wollten es die Kirchenoberen nicht wissen. Merkel beharrt auf klarer Argumentation, was den neuen Stichtag moralisch verwerflicher mache als den alten. Auf der Ebene kommt man nicht zueinander.

Ein entscheidender Schritt hin zu der Verschiebung, die schließlich am 11. April 2008 im Bundestag eine Mehrheit findet, war für Angela Merkel strategisch der Beschluss des CDU-Bundesparteitags Anfang Dezember 2007 in Hannover. Es war dieser denkwürdige Abend vor der traditionellen Parteitagsparty. Viele Delegierte blieben länger als geplant für diese schwierige Diskussion und für diese schwierige Entscheidung im Plenum. Schließlich votierte der Parteitag mit knapper Mehrheit für die Verschiebung des Stichtags. Damit war die Liberalisierung festgezurrte CDU-Position. Dafür war auch Angela Merkel noch mal ans Mikrofon getreten – ohne Ankündigung und nachdem die Rednerliste schon abgearbeitet war. „Unsere Parteivorsitzende darf natürlich immer das Wort ergreifen“, sagte Sitzungsleiter Christian Wulff. Sie wirbt für den Leitantrag, der eine Verschiebung des Stichtages ermöglichen soll. Die Stimmung im Saal steht gegen sie.

Viele Redner haben zuvor gegen die Stammzellforschung argumentiert und davon gesprochen, dass die CDU ihre Werte hochhalten müsse – nicht nur in Sonntagsreden. Angela Merkel spricht in ihrem Redebeitrag auch hauptsächlich davon, wie wichtig es ihr ist, dass kein Anreiz für die Tötung von Embryonen geschaffen werde. Sie stimmt vermutlich noch einige Delegierte um, weil sie ihre eigene ethische Sorge mit ins Feld führt. Das stärkste Signal ist: Sie nimmt die Anregung eines Delegierten auf, einen weiteren Satz mit in den Antrag aufzunehmen. „Die CDU Deutschlands bekräftigt, dass die Tötung menschlicher Embryonen zur Gewinnung embryonaler Stammzellen mit dem christlichen Menschenbild … unvereinbar ist."

Natürlich ist das ethisch eine ziemlich schiefe Angelegenheit. Warum ist der Import solcher Zellen akzeptabel, die Herstellung aber nicht? Denn genau das bezweckt die Stichtagsverschiebung, dass weitere embryonale Stammzellen importiert werden dürfen. Das eigentliche Argument, das dem frühen Embryo eben noch nicht den vollen Schutz der menschlichen Person zubilligt – zu Recht oder auch nicht –, traut sich Angela Merkel nicht auszusprechen. Dass sie die „Ethik des Heilens" abwägt gegen eine „Ethik des embryonalen Lebens", das ist zu konfrontativ für eine Parteivorsitzende und Kanzlerin und würde sicher auch nicht zu dem Ergebnis führen, das sie sich wünscht.

Renate Künast wirft ihr daraufhin in einem Beitrag des „Rheinischen Merkur" vor, eine „dünne ethische Fundierung" zu haben. Es gehe ihr nur darum, deutschen Forschern Freiräume zu eröffnen. Und Kardinal Meisner fordert in der Folge der Entscheidung turnusmäßig die Aberkennung des „C". Für Angela Merkel sei diese Entscheidung durchaus eine ethische gewesen, heißt es in ihrem Umfeld. Doch nach ihrem Verständnis hat sie diese Frage deswegen einer eigenen Gewissensprüfung – auch vor ihrem eigenen Glauben – unterzogen und dann für sich eine Entscheidung getroffen. Für sie sei das der richtige Weg. Die Debatte um diese ethische Frage hat in der Öffentlichkeit weitgehend ihre Freundin Annette Schavan geführt.

Von der Umweltministerin zur „Klimakanzlerin“

Der Jubel war laut. Der Jubel war ihr suspekt. Und müde war sie auch. Sie kam gerade von Heiligendamm, hatte drei Tage und zwei Nächte mit den Mächtigsten der Welt über Klimaschutz und Armutsbekämpfung, über Hedge-Fonds und Freihandel diskutiert und stand nun über 5000 Kirchentagsbesuchern in der Messehalle 5.2 in Köln-Deutz gegenüber. Einige hatten an diesem 9. Juni 2007 drei Stunden gewartet, um sie zu sehen, schon lange vorher mussten die Türen wegen Überfüllung geschlossen werden. Draußen warteten noch mal einige Tausend – und mussten sich mit Monitoren zufriedengeben. Die Menschen auf dem Christentreffen bereiteten Angela Merkel einen Empfang, als ob sie die Welt gerettet hätte. Am Tag zuvor hatten noch zahlreiche Globalisierungskritiker und auch kirchliche Gruppen ihren Gipfel mit Bush, Putin und Co. kritisiert, sogar bekämpft. Nun gab es das kirchenoffizielle Hochamt für die Regierungschefin und „Weltpräsidentin“.

ZDF-Moderator Wolf von Lojewski überreichte ihr – live auf dem Sender und im Saal – den orangefarbenen Kirchentagsschal, den neben ihr schon der Friedensnobelpreisträger Muhammad Yunus trug. Der Professor aus Bangladesh genießt Kultstatus, hat er doch mit seiner Grameen Bank und der Idee der Mikrokredite eine neue Form der Entwicklungshilfe etabliert. Sie nimmt den Schal an. Das Publikum jubelt und klatscht, als ob die Kanzlerin gerade zum Protestantismus konvertiert wäre. Die Sehnsucht ist groß nach Harmonie. Im Fernsehen sagen später einige Kirchentagsbesucher, es stimme hoffnungsfroh, dass der Kirchentag den G8-Gipfel habe beeinflussen können, dass die Kanzlerin die Anliegen der Christen annehme und den Großen der Welt überbracht habe. Das sind natürlich Einzelstimmen, da verdreht sich etwas in der Wahrnehmung. Aber in der politischen Gefühlsgroßwetterlage trifft es irgendwie auch den Kern. Viele wünschen sich eine Klimakanzlerin, eine Gerechtigkeitskanzlerin, die die Armut abschafft, eine christliche Kanzlerin, die das Böse bekämpft und das Gute zum Tragen bringt. Das ist naiv, aber doch auch normal, die Mehrheit protestiert eben nicht nur gerne, sondern freut sich auch, wenn alles gut wird.

So ein Schauspiel beherrscht Angela Merkel inzwischen und doch ist es ihr fremd geblieben. Sie legt den Schal auf die Knie, um ihren Hals legt sie ihn nicht. In ihrer Rede, von Applaus und Sprechchören unterbrochen, geht ihr Wort fast unter. Sie sagt: „Es gibt keine Erlösungsereignisse, die die Welt vom einen auf den anderen Tag besser machen." Genauso wenig gibt es menschliche Heilsbringer, könnte man anfügen. Das Besserwerden sei ein langsamer Prozess, doziert die Kanzlerin. Heiligendamm sei ein kleiner Schritt gewesen, durchaus ein Erfolg, aber eben nur einer auf der Wegstrecke. Als der Moderator danach abstimmen lässt, ob Heiligendamm ein Erfolg gewesen sei, scheint die Nüchternheit auch bei einigen Besuchern wieder eingekehrt zu sein. Die meisten Hände gehen hoch bei der negativen Bewertung des Gipfels. Einige bewerten mit „positiv", viele aber stimmen auch gar nicht ab. Zum Abschluss wird noch ein Lied gesungen, Angela Merkel macht mit. Das Fest ist aus, der Alltag ist wieder da. Politik scheint immer des Öfteren zwischen Ereignis und Handlung zu pendeln. Die Wahrnehmung wird dann von den „Events" bestimmt, die eigentliche Arbeit aber entzieht sich oft der Bewertung.

Das Jahr 2007 war ein Merkel-Jahr. Als Welt-Präsidentin wurde die deutsche Kanzlerin gefeiert, die als Vorsitzende der G8-Staaten den Gipfel der führenden Industrienationen und

Russland im Ostseebad Heiligendamm leitete. Gleichzeitig hatte sie sechs Monate lang die EU-Präsidentschaft inne und führte die Europäische Union aus einer schweren Krise, indem sie den Verfassungsprozess wiederbelebte und in einer nächtlichen Pingpong-Diplomatie in Brüssel die Polen wieder zurück ins europäische Boot zerrte. Dieser Erfolg verdunstete dann zwar 2008 durch das Nein der Iren zum neuen Vertragswerk, doch das schmälert ihr Geschick im Jahr zuvor nicht. Es war das Jahr, in dem sie sich vom innenpolitischen Gezänk in der Großen Koalition absetzen konnte und auf internationaler Bühne Kanzler-Profil gewann. Die internationale Bühne wird ihr Wohnzimmer. Mit der Klimaschutzpolitik hat sie sowohl der europäischen Staatengemeinschaft als auch den großen Acht mit Amerika, Japan, Kanada und Russland ihr persönliches Schwerpunktthema aufgedrückt. Seitdem macht das Wort von der Klimakanzlerin die Runde, das von Kritikern gleichwohl als Maskerade beschimpft wird, da sie nicht genug erreiche.

Das Klima-Thema wird man ihr aber nicht mehr nehmen können, auch nicht, wenn sie seit Ende 2008 im Angesicht der Finanz- und Wirtschaftskrise Zugeständnisse in Richtung Industrie gemacht hat. Schon 2007 liefert dafür das passende Bild. Mit der knallroten Jacke der „Deutschen Gesellschaft zur Rettung Schiffbrüchiger" bekleidet, spaziert sie durch das nicht mehr ganz so ewige Eis Grönlands. Die Fotos dieser kurzen Reise der Kanzlerin, die sich vor Ort ein Bild macht und mit dem Schiff durchs Packeis kreuzt, haben das Image begründet, dass dieses Thema zu ihr gehört. Wie kam sie zu dem Thema? Stand es einfach auf der Tagesordnung? Es ist anders. Wohl kaum ein anderer aktiver deutscher Politiker mit Regierungsverantwortung bearbeitet die Fragen des Klimaschutzes schon so lange wie sie.

Am 16. März 1995 spricht sie zum ersten Mal im Bundestag

zum Klimaschutz. Es ist verblüffend, wie sich die Themen, die sie während ihrer Ministerzeit in den zwei Kohl-Kabinetten beschäftigt haben, durch ihre politische Biografie ziehen und in ihrer Kanzlerschaft sogar zentral werden. Dazu gehört an erster Stelle der Klimaschutz, aber auch die Familienfrage und die Fragen des Lebensschutzes kennt Angela Merkel schon lange. Sogar über ihre politische Biografie hinaus lässt sich das verfolgen. In den Gesprächskreisen während ihrer Studienzeit in Leipzig und in der Evangelischen Studentengemeinde waren vor allem Umweltthemen, Fragen nach internationaler Gerechtigkeit und der Themenkreis Krieg und Frieden aktuell. Gerade die Umweltszene war eine wichtige Keimzelle der DDR-Opposition.

2004, ein Jahr vor ihrer Kanzlerschaft, nennt sie als ihren bis dahin größten politischen Erfolg die „Berliner Erklärung", die auf der internationalen UNO-Klimakonferenz 1995 in Berlin verabschiedet wurde. Sie saß als junge Ministerin mit wenig Erfahrung im Umweltbereich als Präsidentin der Runde mit 130 Staaten vor. Vermutlich war es die erste Präsidentschaft in ihrem Leben, die sie zu einem Erfolg führte, der heute kaum bekannt, aber allgegenwärtig ist. Das amerikanische Time-Magazin taufte sie im Rückblick „Heldin der Umwelt". Die „Berliner Erklärung" machte das Kyoto-Protokoll möglich, das 1997 zum ersten Mal verbindlich die Reduktion des klimaschädlichen Treibhausgases festschrieb und die Staaten zur Minimierung des Kohlendioxyd-Ausstoßes verpflichtete. „Ohne Merkel gäbe es Kyoto nicht", wird ein Vertreter der amerikanischen Clinton-Regierung zitiert. Das Berliner Treffen war die erste UN-Klimakonferenz, die nach dem Rio-Abkommen von 1992 vereinbart worden war. Ein Erfolg schien damals mehr als unsicher. Es wird von einem Verhandlungs-marathon berichtet, bei dem Merkel nachts einmal unter Tränen fast resigniert haben soll. Ein Zuspruch ihrer damaligen und heutigen Büroleiterin Beate Baumann („Nun reißen Sie sich mal zusammen") habe sie wieder aufgerichtet. Sie erreicht eine Einigung auch deshalb, weil sie als Vertreterin Deutschlands zusagte, eine Vorreiterrolle zu übernehmen. Deutschland wolle unter den Industrienationen den größten Anteil der Treibhausgase abbauen. Sie habe ein ungeheuer großes Verlangen nach Erfolg, so ein Tagungsteilnehmer damals. In ihrer Rede am 16. März 1995 erklärt sie im Bundestag, warum gerade der Klimaschutz der „wesentliche Teil" des Umweltschutzes sei. Das ist vor 14 Jahren keineswegs Konsens gewesen, schon gar nicht bei der Union. Die Erderwärmung sei zu 95 Prozent von Menschen verursacht, deswegen müsse gehandelt werden. „Wir können nicht warten, bis alle komplizierten wissenschaftlichen Vorgänge geklärt sind." Nach 14-tägigen Verhandlungen führte Merkel das Großtreffen in Berlin zu einem Ergebnis. Unter anderem wird vereinbart, dass Bonn ständiger Sitz des Klimabüros der Vereinten Nationen wird.

Doch Kritik blieb nicht aus. Ausgerechnet der Vertreter des Vatikans nannte die Vereinbarungen „mager", da die Sorgen kleiner Entwicklungsländer, vor allem kleiner Inselstaaten, zu wenig berücksichtigt worden seien. Zwölf Jahre später verhandelt die gleiche Angela Merkel in Heiligendamm mit den Vertretern der G8-Staaten über ein Mandat für das Kyoto-Folgeprotokoll. Ihr Ergebnis wird wieder von einigen als „mager" bezeichnet. Doch wie damals hat sie ein Mandat errungen, das unter dem Dach der UN verhandelt werden kann. Das hat sie auch dem scheidenden US-Präsidenten Bush abgetrotzt, der sich standhaft geweigert hatte, Kyoto zu akzeptieren. Der Wechsel im Weißen Haus und die zu erwartende veränderte Klimapolitik des neuen Präsidenten Barack Obama machen daher möglicherweise das Ergebnis von Heiligendamm doch noch wertvoller, als es auf den ersten Blick schien. Angela Merkel erinnert sich an die Konferenz von 1995: „Für mich war die Berliner Konferenz auch eine erste große Begegnung mit allen möglichen Facetten dieser Welt: die Umweltprobleme, der Reichtum, die Armut, Entwicklungsländer, Europäische Union – was auch immer. In den vierzehn Tagen der Konferenz habe ich mir bei allen Teilnehmern ein Vertrauen erworben, das dazu beigetragen hat, dass am Ende ein gutes Ergebnis stand. Das empfinde ich als eine meiner besten Leistungen." Helmut Kohl hatte ihr nach der Bundestagswahl 1994 zur Überraschung vieler Beobachter und wohl auch zu ihrer eigenen Verwunderung das weitaus wichtigere Umweltressort im Vergleich zum Frauen- und Jugendministerium angeboten. Sie sagte selbstverständlich zu, eine Absage wäre auch schwer möglich gewesen, meint sie später. Vor allem aber sah sie das Umweltministerium als Chance, ihre persönliche Qualifikation als promovierte Physikerin besser für die Politik nutzbar zu machen. Außerdem erkannte sie, dass sie nach den Abtreibungs- und Gleichberechtigungsdebatten wieder ein für die CDU/CSU schwieriges Fach übernehmen würde, da Umweltpolitik noch nicht in der Seele der Partei angekommen schien.

Sie selbst analysiert ihre frühen Erfahrungen mit den Reizthemen der Union bei einem Vortrag 2005 vor der Katholischen Akademie in München: „Da ich die Freude hatte, im Rahmen der Union und der CDU unter Bundeskanzler Helmut Kohl sowohl Frauen- als auch Umweltministerin zu sein, kenne ich die Gebiete, in denen sozusagen auch die CDU sich schwertut, auf alle Fragen Antworten zu finden. Viele Fragen wurden deshalb immer schon als respektlos qualifiziert, damit man sich mit ihnen gar nicht mehr befassen musste. So etwas führt immer dazu, dass Volksparteien schrumpfen und sich nicht ausweiten. Deshalb heißt es nicht, dass man beliebig alles richtig findet. Aber es heißt auch, dass man sich seiner

Antworten immer wieder vergewissert. Antworten müssen auch in neuen Zeiten immer wieder Bestand haben." In der Rede in München bezieht sie das auf die Familienpolitik. Das Gleiche gilt für die Umweltpolitik und Frauenpolitik und schließlich auch für die Zuwanderungspolitik. In allen Bereichen hat Angela Merkel die Union programmatisch verändert, teilweise im Widerspruch zu kirchlichen Positionen wie bei der Frage frühkindlicher Kinderbetreuung, teilweise im Sinne der Kirchen wie bei der Zuwanderungspolitik.

Außergewöhnlich viele Kirchentermine habe sie als Umweltministerin absolviert, berichtet ein Redenschreiber von einst über Merkels Zeit im Umweltministerium. Sie habe versucht, dort den Draht zu halten. Gleichwohl gab es auch viele kritische Stimmen gerade aus diesem christlichen Spektrum. Als sie ihr Ministerium 1998 an die rot-grüne Regierung und Minister Jürgen Trittin übergeben musste, da waren die sogenannten Energiekonsensgespräche um die Zukunft der Kernenergie bereits gescheitert. Kanzler Schröder konnte nun den Ausstiegsbeschluss verhandeln mit langen Restlaufzeiten für die bestehenden Meiler. Das war vor allem vielen Grünen zu wenig, die Ökopartei erlebte deswegen eine schwere Krise. In der Union ist zu hören, tatsächlich sei der Entwurf für die Einigung mit der Industrie schon unter Merkel erarbeitet worden. Rot-Grün habe es nicht geschafft, noch mehr in ihrem Sinne, also einen schnelleren Ausstieg, zu erreichen.

Merkels Mission

Der Papst war schon wieder abgereist, da hat Angela Merkel sich noch einmal mit seinem Deutschlandbesuch und seinen Anliegen beschäftigt. An diesem Sonntagabend Ende September 2011 saß die Bundeskanzlerin neben Günther Jauch in dessen Talkshow. Alleine, ohne andere Gäste. Es ging um den Euro, um die vielleicht schwierigste Phase ihrer Regierungszeit. Auch Glaubensfragen waren Thema. Der Papst wurde kurz eingeblendet und Merkel gab ein Bekenntnis zum Christentum ab: „Mir hilft, dass ich Christ bin und dass ich weiß, dass wir nicht die letzte Instanz sind, dass wir Fehler machen können.“ Im Umfeld der dramatischen Finanzdiskussionen waren solche Sätze fast sperrig. Merkel fügt an, jeder habe die Aufgabe, „um das Beste zu ringen“. Es klang wie Merkels ganz besonderer Kommentar zum Desaster der Finanzmärkte: „Aber dass es eine Instanz, also dass es Gott gibt, das ist für mich sehr wichtig, um die Dinge auch immer wieder einzuordnen.“

Hat Merkel eigentlich eine Mission? Im Herbst 2011, zur Halbzeit ihrer zweiten Regierungsperiode, steht sie wieder einmal massiv in der Kritik. In der Bewältigung der Euro-Krise wird ihr mangelnde Führungskraft und fehlende Orientierung vorgeworfen. Insgesamt scheint die christlich-liberale Idee an ein Ende gekommen zu sein, argwöhnen die Beobachter, was vor allem auch an der Schwäche der FDP liegen soll. Dass die Konstellation bei den Wahlen 2013 eine Neuauflage erfahren könnte, glaubt zu diesem Zeitpunkt kaum jemand. Wieder einmal zelebriert das Land seine ambivalente Haltung zur eigenen Kanzlerin. Eine noch relativ hohe Beliebtheit verbindet sich mit den allgemeinen Abgesängen auf die Merkel-Epoche. Die Unzufriedenheiten mit der vermeintlich Unzulänglichen werden erneut wortreich dargelegt. Sie bündeln sich in der Analyse von Dirk Kurbjuweit im „Spiegel“, Merkel hinterlasse eine „unterzuckerte“ Republik, vor allem fehle es an politischer Botschaft, politischer Kommunikation, an Sinngebung. Die allerdings verweigert sie, zumindest in einem umfassenderen Sinne. Ihre Aufgabe sei es, Probleme zu lösen. Nichts weiter, das scheint ihr Mantra zu sein. Natürlich dämmert ihr, dass das in einer Demokratie nicht alles ist. Aber da stößt sie, so scheint es, bisweilen an ihre persönlichen Grenzen. Helmut Kohl gibt im Sommer 2011 der Zeitschrift „Internationale Politik“ ein Interview, und die Medien destillieren die Merkel-Kritik daraus. Europa brauche einen Kompass, brauche Herz und Verstand. Und die Leidenschaft bei der Kanzlerin fehle eben, heißt es dann in den Kommentaren. Als Angela Merkel vor der Bundespressekonferenz mit der Frage nach dem Herz in der Politik konfrontiert wird, antwortet sie, ohne zu zögern, an ihrer Leidenschaftlichkeit für Europa könne doch gar kein Zweifel bestehen. Aber, räumt sie ein, es sei eine spezifische Art der Leidenschaft. Es ist eine Merkel'sche Variante der Leidenschaft, die eben einige im Land leider nicht verstehen.

Erwin Teufel ärgert sich schon länger über den Zustand seiner Partei – und unweigerlich bedeutet dies, dass er auch mit der Parteivorsitzenden nicht ganz zufrieden ist. Doch Medienanfragen lehnte er regelmäßig ab mit der inoffiziellen Begründung, er wolle eben nicht die eigene Kanzlerin angreifen. Im Sommer 2011 hat er es dann doch getan. In einer Rede des ehemaligen baden-württembergischen Ministerpräsidenten vor der Senioren-Union in Berlin, die dann in der FAZ-Sonntagszeitung nachgedruckt wurde, formuliert er seine Kritik.

Der Beitrag hat eine breite Debatte über das Profil der Union losgetreten. Merkel hat sich nicht eingemischt. Es war Urlaubszeit. Im Mai, lange vor der Debatte, hatte sie beim Evangelischen Arbeitskreis der Union (EAK) gesprochen. Da wurde ihre Haltung zu Profil und Programm deutlich. Das christliche Menschenbild biete den „geeigneten Kompass", um in der Politik Orientierung zu bekommen. Doch zugleich sei auch Offenheit wichtig. Die CDU sei nicht mehr nur eine Partei von Christen, darauf müsse sie als Vorsitzende reagieren. Die Partei müsse „offen sein und nicht abstoßend", so Merkel. „Nur wenn christliches Denken auch für Nichtchristen nachvollziehbar bleibt, werden wir überzeugen können." Die im Adenauer-Haus versammelten engagierten Christen waren damit einverstanden und feierten „ihre" Kanzlerin. Immerhin hatte Merkel zu Beginn ihres Auftritts gesagt, den EAK zu besuchen sei, „wie nach Hause zu kommen." Das gefiel den Delegierten.

Im Sommer war es nun eine Art emotionaler Ausbruch von Teufel. Der Vorwurf: Die Linie der Parteivorsitzenden vernachlässige die Stammwähler und hofiere die Wechselwähler. Dies habe aber keinen Erfolg gehabt, die Wahlergebnisse der Union seien 2005 und 2009 verheerend gewesen, auch wenn eine Regierungsbeteiligung dabei herausgesprungen sei. Er mahnt eine Hinwendung zum Christlichen an: „Die CDU darf nicht das ‚C' im Schilde führen, wenn sie sich nicht an ihm orientiert." Was das dann bedeutet, erklärt er genau. Teufel lehnt die neue Familienpolitik der Union ab, bemängelt die geplante Abschaffung der Hauptschulen und fordert, die Wirtschafts- und Steuerpolitik müsse wieder sozialer werden. Die CDU könne sich dem „C" zuwenden oder es ablehnen, einen dritten Weg gebe es nicht.

Für den langjährigen Ministerpräsidenten und Praktiker der Politik ist natürlich im Grunde klar, dass Handeln immer auch

pragmatisch ist. Aber was er Angela Merkel jenseits dieser Alltagswelt vorführt, ist, dass mit hehren Gedanken eben auch gestaltet oder zumindest gewirbelt werden kann. In den Führungszirkeln der Partei wird Teufels „Analyse“ zerpflückt. Das „C“ lasse sich nicht zwangsweise herunterdeklinieren auf eine bestimmte Familienpolitik, eine bestimmte Sozialpolitik oder eine bestimmte Auffassung zur Eurokrise. Doch im politischen Diskurs ist Teufels Pamphlet dennoch nachhaltig, weil emotional. Eine derartige Gefühligkeit fehlt Merkel, oder gehört es sogar zu ihrer Strategie, die Politik herunterzukühlen, zu „entpathetisieren“ – und damit zu entideologisieren? Ist das eine Spätfolge der DDR-Sozialisierung, jeglicher Überhöhung des Politischen zu widerstehen? Und dann die Frage: Funktioniert das, braucht nicht auch die Demokratie das Gefühl? Auf den im Herbst 2011 einberufenen Regionalkonferenzen kann sie die Politik-Erklärerin mimen. Es ist das Forum, das sie schon 2000 zur Vorsitzenden gemacht hat. In den Hallen und Aulen sitzen nicht die oberen Funktionäre, sondern das Parteivolk, das sie im direkten Kontakt immer auch für sich einnehmen kann. Vielleicht sind das auch für sie die entscheidenden Podien. Aber die große Bühne ist es eben nicht.
Als Merkel im Juni 2011 aus den Händen von Präsident Barack Obama die Presidential Medal of Freedom, die höchste Auszeichnung der USA, erhielt, stand sie in ihrem Heimatland enorm unter Beschuss. Die Amerikaner bewundern an ihr die ungewöhnliche Biografie, ihren unglaublichen politischen Aufstieg. Vor allem lieben sie ihre Freiheitsliebe, die sie immer mit der Diktatur-Erfahrung in der DDR begründet. Sie erfährt eine Zuneigung, die ihr in der Heimat in dieser Unbeschwertheit meist verwehrt bleibt. Aber sie tut auch nichts dafür, sich selbst zu feiern. Für die Freiheitsmedaille gibt es in Deutschland kein Fest, nur ein paar Zeitungskommentare. Es käme ihr wohl auch nicht in den Sinn, anders zu handeln.

Sich feiern lassen, sich inszenieren, Kampagnen starten – alles das gibt es bei Merkel nicht, sagt ein enger Mitarbeiter. Derartige Vorschläge prallen an ihr schlicht ab. Das Setzen von politischen Symbolen scheint ihr schwerzufallen, sie lehnt es geradezu ab.

Gerade auf die transatlantische Freundschaft, die sie zu Oppositionszeiten noch so gegen die Regierung Schröder hochgehalten hat, scheint sie zuletzt weniger öffentlich zur Schau getragene Anstrengung zu verwenden. Die Ablehnung des NATO-Einsatzes in Libyen 2011 durch Deutschland ist – zumindest öffentlich – als Affront gegen die deutsch-amerikanische Freundschaft gewertet worden. Selbst wenn dies überzogen ist, so wäre eine Demonstration des Gegenteils für die bürgerliche Regierung in Deutschland kein Fehler. Kohl verweist in seinem Interview auf diese Schwachstelle. Warum hat der Friedensnobelpreisträger und amtierende amerikanische Präsident noch nicht die Hauptstadt seines wichtigsten westlichen Partnerlandes besucht? Er sei geradezu „über uns" hinweggeflogen, so der Altkanzler, der ein Meister des politischen Symbols war.

Die vielleicht schnellste Kehrtwende der deutschen Politik beschreitet die Regierung nach der Reaktorkatastrophe von Fukushima. Die erst im zurückliegenden Herbst beschlossene Verlängerung der Laufzeiten der deutschen Atomkraftwerke wird in einer Blitzaktion im ersten Halbjahr 2011 zunächst unterbrochen, dann aufgehoben. Die CDU-FDP-Regierung räumt mit einem Thema auf, das wie kaum ein anderes die Gesellschaft polarisiert hat, und sie erklärt das atomare Zeitalter in Deutschland – in absehbarer Zeit – für beendet. Mit der Fragestellung, was denn Merkels Mission wäre im Bezug auf diese Frage, ergibt sich ein zunächst diffuses Bild. Die schwarz-gelbe Regierung hatte vor der Wahl 2009 angekündigt, das von der rot-grünen Bundesregierung beschlossene

Ausstiegsszenario zu verändern. Da dies in der Großen Koalition nicht möglich war, wurde das Thema zum Identitätsmerkmal des dann folgenden bürgerlichen Bündnisses geadelt. Nach einem schwachen Start sollte nun 2010 im „Herbst der Entscheidungen" mit der konfliktträchtigen Angelegenheit bei den eigenen Anhängern gepunktet werden. Merkel, die sich mit der Kernenergie seit ihrer Zeit als Umweltministerin beschäftigt hatte, wollte die Verlängerung der Laufzeiten aber nicht nur als wirtschaftspolitisches Signal verstanden wissen, sondern auch als umweltpolitisches Manöver. Dazu gehörte, dass am Ausstieg festgehalten werden sollte, nur die „Brücke" hin zu den erneuerbaren Energien müsse verlängert werden. Die „Klimakanzlerin", die als mediales Klischee in Vergessenheit zu geraten schien, wollte nun die Laufzeitverlängerung als Klimaschutzprogramm verkaufen. Da weniger Kohle- und Gaskraftwerke gebraucht würden, könne damit der CO_2-Ausstoß verringert werden. Die Ziele des Klimaprotokolls von Kyoto, an dessen Vorgeschichte sie beteiligt war, seien die Richtschnur ihrer Politik.
Ein halbes Jahr später galt dies alles nichts mehr. Oder fast nichts mehr. Die japanische Katastrophe habe die Welt verändert. Sie sei persönlich ergriffen von der Tatsache, dass Restrisiken auch in einem „Hochsicherheitsland" tatsächlich eintreten könnten. Deswegen sei Atomenergie auch in Deutschland nicht mehr vertretbar. Merkels Argumentation war recht schwach für diese 180-Grad-Wende mit quietschenden Reifen. Zumal in der öffentlichen Wahrnehmung der Verdacht der Opportunitätserwägung grassierte. Vor der schicksalhaften Baden-Württemberg-Wahl am 27. März 2011 musste Merkel das Ruder herumreißen, um nicht gänzlich unterzugehen im allgemeinen gefühlten Anti-Atom-Mainstream. Die CDU-Regierung in Stuttgart kippte dennoch, ein historischer Fall, im Stammland der CDU sitzt die Partei

Späths, Teufels und Oettingers nun auf den Oppositionsbänken. Obwohl Amtsinhaber Stefan Mappus noch ein relativ gutes Ergebnis erzielte, verlor Merkel mit ihm wieder einmal einen ihrer Landeschefs. Mappus hatte zuvor alles auf die konservative Profilierungskarte gesetzt und die Atomfrage zum Markenkern der Union aufgewertet. Diese politische Inszenierung gipfelte im Angriff auf Bundesumweltminister Norbert Röttgen (CDU). Der solle wegen seines atom-kritischen Kurses zurücktreten. Am Ende war es dann Mappus, der ging. Angela Merkel blieb in der Mitte. Doch der Glaubwürdigkeitsverlust nagt an ihr.

Röttgen hat nun die Deutungshoheit. Er führt gerne den christlichen Terminus der „Bewahrung der Schöpfung" an, wenn es seine Umweltpolitik zu begründen gilt. Als dann auch noch der Papst im Bundestag ein Loblied auf die Ökologie-Bewegung, leise in der Akustik, aber deutlich in der Wortwahl, anstimmt, scheint das Glück einer neu formierten Unionslinie perfekt. Nur ob die Wähler den Schwenk mittragen, ist noch fraglich.

Die Atomfrage gehört, ähnlich wie die Frage der Wehrpflicht, die Westbindung und Wirtschaftspolitik, zu Themen, die in der Union als unverrückbar galten und denen deswegen identitätsstiftende Bedeutung zukam. Ob sie nun mit der Aufgabe bestimmter Positionen dieses Zentrum der Partei wegreiße, wird Merkel von Jauch gefragt. Natürlich nicht, antwortet sie. Nur ändere sich die Welt, und deswegen müsse man eben auch Ansichten und Lösungsangebote ändern. Sie habe die Wehrpflicht „geliebt", dennoch sei es falsch, an ihr festzuhalten. Für andere Fragen gelte Ähnliches. Das sei keine Anpassung an den Zeitgeist, sondern Problemlösung. Nur: Eine eigene Agenda, eine Mission gar, lässt sich daraus nicht erkennen. Oder?

Als Angela Merkel im Bundestag ihre Regierungserklärung

zur Energiewende abgibt, hört sich diese so beiläufig an, als ob es um die Novellierung irgendeiner Verordnung gehe. Kein Pathos, keine Beschwörungsformeln, kein größerer Zusammenhang. Nur eben die Erklärung, Fukushima habe die Welt verändert. Wahrscheinlich werden die meisten Deutschen, auch die CDU-Anhänger, eher froh sein über diese Wende. In der CDU rumort es zwar an einigen Ecken, aber viele Mitglieder sagen auch, sie seien erleichtert. Bei Wahlkämpfen auf den Marktplätzen der Republik Kernkraftwerke zu verteidigen gehörte schon seit längerem zu den härteren Aufgaben der politischen Graswurzel-Arbeit. Dass es damit vorbei ist, finden schon viele gut. Wenn nur die Wirtschaft es verkraftet, ist der Tenor in den Ortsverbänden. Gelingt Angela Merkel tatsächlich die grüne Wende der schwarzen Partei, kommt Deutschland ohne Stromausfälle und ohne allzu großen Ankauf von Atomstrom über die Runden, dann wird im Rückblick doch eine Merkel'sche Mission daraus. Nur dass sie es nie so laut gesagt hat.

Eine besondere Variante Merkel'scher Politik ist die „Ethikkommission", die die Kanzlerin zur Flankierung der Energiewende eingesetzt hat. Unter anderem gehören ihr der Münchner Kardinal Reinhard Marx an und der Präsident des Zentralkomitees der deutschen Katholiken (ZdK), Alois Glück. Die 17 Mitglieder kommen schließlich Ende Mai zu dem Ergebnis, dass ein Atomausstieg in zehn Jahren ethisch geboten sei. „Deutschlands Energiewende – ein Gemeinschaftswerk für die Zukunft" heißt das Werk der erlauchten Politikberater unter Vorsitz von Klaus Töpfer, einst Umweltminister, und Helmut Kohl. So organisiert man Rückenwind. Die Regierung hatte nahezu zeitgleich ein ähnliches Ausstiegs- und Umstiegsszenario beschlossen, so dass der Kommission nur blieb, ethisch zu beglaubigen, was ohnehin passieren sollte. Doch trotz Kritik an dem Vorgehen gelingt Merkel mit dem Manöver eine Überhöhung ihrer eigenen Kehrtwende. Im Bundestag stimmen schließlich auch die Grünen der neuen Regierungspolitik zu, so dass Merkel für ein zentrales Projekt eine überaus breite Mehrheit im Bundestag zustande bringt. Ähnliches gelingt ihr im Herbst 2011 noch einmal. Ist Konsens eine Art Mission bei Merkel? So stark auch die Angriffe auf sie sind, so breit ist bisweilen die Zustimmung für ihre Konzepte. Das gilt bei der Familienpolitik, bei der Wehrpflicht, bei der Außenpolitik. Manche meinen allerdings spöttisch, dies sei zu wenig, um als „großer Kanzler" in die Geschichte einzugehen.

Was in der ersten Hälfte des Jahres 2011 noch als großes Thema galt, schrumpft in der zweiten Hälfte schon wieder herunter. Nach dem Atomausstieg: Die Krise des Euro, die Verfasstheit Europas und die Frage nach der wirtschaftlichen Stabilität des Landes beschäftigen die Kanzlerin und die Menschen. Auch wenn die Kritiker gar nicht so sehr ein konkretes Manko finden, so wird doch wieder die Schablone angelegt, sie habe keinen Kompass in der Krise. Sie findet zwar beschwörende Worte zu Europa, doch verhallt die rhetorisch aufgelegte Dramatik, als spreche sie gegen die brausende See an. Die politische Kommunikation scheint subtiler und weitaus längerfristig zu funktionieren als die Schnelllebigkeit des politischen Betriebs dies vermuten lassen würden. Sie dringt nicht mehr durch mit ihren Botschaften, sie werden als solche nicht mehr gesehen. Es sind nur noch Beipackzettel einer Politik, die das Problemlösen zu ihrem eigentlichen Topos gemacht hat.

Angela Merkel und andere in ihrem Umfeld sagen, die CDU sei schon immer eine unideologische, an Problemen und nicht an Heilsversprechen orientierte Partei gewesen. Aber die CDU hatte große Erzählungen dazu. Dieses dreifaltige Parlando von Europa, Christentum und sozialer Marktwirtschaft war etwa

eben nicht nur Begleitmusik, sondern in der Demokratie wichtiger Rhythmus, der den Takt für die sich ändernden Melodien vorgab. Wie schwer es Merkel fällt, derartige ihre Politik erklärende Reden zu halten oder auch symbolische Handlungen als Teil des politischen Agierens zu verstehen, dafür gibt es Beispiele. Etwa die deutsch-amerikanische Freundschaft, aber auch das Verhältnis zu Kirche und Glauben.
Als Angela Merkel beim Papstbesuch in Berlin vor die Kameras trat und über den Papst sprechen sollte, schwärmte sie plötzlich von der Katholischen Akademie. Dieser „geistliche Ort" in der Hauptstadt sei ihr wichtig. Sie war mit Benedikt XVI. in der Bibliothek der Katholischen Büros zusammengetroffen. Doch trotz Papst, Bischöfen und Gottesmutter – Merkel beließ es zuletzt bei ihrer distanziert-höflichen Haltung zum Katholizismus. Nach der Begegnung mit dem Kirchenoberhaupt erwarteten die Journalisten sie im kleinen Hofgarten der Akademie zu einem persönlichen Wort. Vor der Marienfigur brannte eine Kerze, doch die Regierungschefin ließ sich nicht vereinnahmen. Nüchtern berichtete sie von Gesprächen über die Finanzkrise und die Globalisierung. Das Ganze fast beiläufig. Keine Silbe über die Person des Papstes und die Verstimmungen, die es einmal gab nach ihren kritischen Äußerungen zur Krise um den Holocaust-Leugner und Traditionalisten-Bischof Richard Williamson. Die katholische Kirche habe als Weltkirche klare Vorstellungen von der Globalisierung, erklärte sie lapidar. Und die Politik müsse Gestaltungskraft in der Krise behalten. Später schob sie noch nach: „Das war ein anregendes und für mich wichtiges Gespräch." Der christliche Glaube bietet für Politiker eine wichtige Hilfestellung, die „uns trägt", sagte sie im Anschluss an die Bundestagsrede des Papstes. Das Christentum lehre, dass die Menschen die Welt aktiv gestalten und ihre Entscheidungen nicht als Getriebene treffen sollten. Dass diese Entscheidun-

gen „im Sinne der Gerechtigkeit“ ausfallen müssten, habe Benedikt XVI. deutlich gemacht. Den Dialog des Papstes mit der evangelischen Kirche würdigte die Kanzlerin als „deutliches Zeichen“ für die Ökumene. Der Papst habe auch „nichts übertüncht“, so Merkel.

Aus der Umgebung des Papstes heißt es, das Gespräch mit der Kanzlerin sei gelöst und entspannt gewesen. Zunächst war Kardinalstaatssekretär Tarcisio Bertone noch mit im Raum. Dann schloss sich das Vier-Augen-Gespräch an. Am Schluss kam noch Ehemann Joachim Sauer dazu. Im Anschluss wurden Geschenke ausgetauscht. Die Kanzlerin hat für den Papst ein Notenblatt mit gregorianischen Gesängen aus einem deutschen Messbuch aus dem 14. bis 17. Jahrhundert mitgebracht. Benedikt XVI. wiederum bedankt sich mit einer Kachel mit vatikanischen Motiven.

Merkel nimmt den Besuch im Prinzip wichtig. Entgegen erster Planung begrüßt sie das Kirchenoberhaupt zusammen mit Bundespräsident Christian Wulff am Flughafen. Dies ist diplomatisch durchaus eine ungewöhnliche Geste, dass der Staatsgast gleich von zwei der obersten Verfassungsorganen auf dem Rollfeld abgeholt wird. Zuvorderst war der Papst Wulffs Gast, er hatte ihn eingeladen, er hat ihm einen besonderen Empfang im Schloss Bellevue bereitet. Merkel hängt sich dran, über die eigentliche Begegnung hinaus. Im Bundestag hört sie andächtig zu. Im Anschluss an die Rede stellt sie dem Papst beim Händeschütteln geduldig die Vertreter der Bundesländer vor. Es ist eine denkwürdige Szene, wie die Kanzlerin den alten Mann in Weiß durch den Plenarsaal führt. Beim Gottesdienst im Olympiastadion dann singt sie bei der katholischen Messfeier einige Lieder mit. Und schließlich fährt sie noch nach Erfurt, um an dem ökumenischen Gottesdienst im Augustinerkloster teilzunehmen. Die Kanzlerin hatte im Vorfeld wiederholt ihre Erwartung geäußert, es möge durch den Papstbesuch eine ökumenische Annäherung geben. Aber sie hält sich weitaus mehr zurück als der katholische Präsident, der im Vorfeld sehr deutlich seine Erwartungen an „seinen“ Papst formuliert hat. Zurückhaltung bleibt Merkels Tugend, wenn es um die nicht ganz so harten Themen der Politik geht.

In dieser Woche nach dem Papstbesuch schaut sie noch einmal an dem Ort vorbei, an dem der 84-jährige Papst zuvor zu Mittag gegessen hatte. Sie nimmt sich dort im Restaurant der Katholischen Akademie den Lebenslauf ihres 38-jährigen katholischen Vizes vor. „Der Glaube ist mein innerer Kompass“, sei einer von vier Kernsätzen Philipp Röslers, die den FDP-Chef charakterisieren, erklärte Merkel. Sie präsentierte das Buch ihres Wirtschaftsministers auf kirchlichem Grund, um dabei die Einigkeit von FDP und CDU zu demonstrieren; Zwischentöne inklusive. Merkel hat „gewisse Ähnlichkeiten“ in ihrer und der Biografie Röslers entdeckt. Beide Karrieren seien sehr „unwahrscheinlich“ gewesen. Dass das Waisenkind aus Vietnam und die ostdeutsche Physikerin das Land lenken, sei ein Zeichen, „wie wunderbar dieses Land“ sei und welche Chancen es den Menschen biete. Besonders gefalle ihr Röslers Formulierung zum Grundgesetz: „Der Gottesbezug schützt den Menschen vor sich selbst.“

Ein ganz anderes privates Ereignis bricht am 2. September in Merkels politischen Alltag ein. Mitten in der Euro-Krise und zwei Tage vor der Landtagswahl in Mecklenburg-Vorpommern stirbt ihr Vater Horst Kasner im Alter von 85 Jahren. Merkel sagt daraufhin alle politischen Termine ab. Der evangelische Pfarrer wollte keine öffentliche Figur sein, zumindest nicht nur in der Ableitung seiner Vaterrolle. Wenn man ihn anrief, gab es schnell ein anregendes Gespräch. Bei der Bitte um ein Interview kam die Antwort: „Die Medien interessieren sich doch nur für mich wegen meiner Tochter.“ Dabei hatte Horst Kasner durchaus mehr zu bieten. Der unentdeckte Kasner ist der Pfarrer, der Prediger, der Pädagoge und Glaubensvermittler. Er engagierte sich für die Jugendarbeit in Templin und bot noch im vergangenen Jahr einen Kurs an der Volkshochschule an. Thema: Geschichte begreifen. Die kleine Dorfkirche Alt-Placht erweckte er gemeinsam mit anderen wieder zum Leben. Hier hat er noch im hohen Alter junge großstädtische Leute aus Berlin auf die kirchliche Trauung vorbereitet; kleine Bibelstunden inklusive. Glaube und Wissen gehörten bei ihm, der in der DDR als „roter Kasner" bezeichnet wurde, zusammen. Für den Glauben werben, das tat er. Das erklärte im Herbst 2010 sogar seine Tochter während einer CDU-Fraktionssitzung im Bundestag. Sie reagierte damit auf resignierte Einwürfe, Mission sei zwecklos, das Christentum auf dem Rückzug. Empört war die Kanzlerin und CDU-Chefin da. Selbstverständlich müsse man für seinen Glauben einstehen, so die Pfarrerstochter in ungewohnt kämpferischem Ton. „Schauen Sie sich mal an, was mein Vater im Osten macht." Für den Glauben werben? Horst Kasner ließ sich nicht einspannen, blieb der Widerborstige. In einem Brief nach der Episode in der Fraktion schreibt er: „Der Glaube bedarf keiner ‚Fürsprecher', er spricht für sich selbst." Diese Grundmentalität teilt Angela Merkel. Doch dass das in der Politik nicht reicht, scheint ihr zunehmend klar zu werden. Es häufen sich ihre Bekenntnistermine. Kein Kirchentag und kein Katholikentag mehr ohne die Kanzlerin. Zuletzt besuchte sie das Friedenstreffen der katholischen Gemeinschaft Sant'Egidio. Bei solchen Anlässen lobt sie die Bedeutung der Religionen für den Frieden in der Welt und lobt das Engagement der Christen. Bei dem Treffen der Gemeinschaft in München in September 2011 sagte sie: „Politik kann Zusammenhalt fördern, aber sie kann ihn nicht verordnen. Wir leben von Dingen, die wir selber nicht schaffen können. Die Basis für ein Gemeinschaftsgefühl bildet sich im vorpolitischen Raum. Dort spielen die Kirchen eine zentrale Rolle. Ihre Offenheit für andere, ihr Anspruch der Nächstenliebe, die Akzeptanz, dass Menschen auch Fehler begehen, aber auch aufgehoben sind und Geborgenheit erfahren – all das prägt Einstellungen für unsere Gesellschaft, auf denen Politik aufbauen kann, die Politik aber nicht selber schaffen kann."

Der Begriff „Zusammenhalt" wird zu einer ihrer beliebten Vokabeln. Schon im Wahlkampf 2009 ließ sie das Wort plakatieren. Was ist, wenn in einer Gesellschaft die Probleme gelöst sind, aber dieselbe sich aufzulösen beginnt? Ausgerechnet bei der Jahrestagung der „Leopoldina", der naturwissenschaftlich dominierten „Nationalen Akademie der Wissenschaften" im September 2011, als zeitgleich der Papst gerade im Eichsfeld eine Marienvesper hält, schlägt die Physikerin Merkel noch einmal ungewohnte Töne an. „Was ist das Leben", ist die Konferenz überschrieben, vor allem biologische Vorträge sind angesetzt. Die Kanzlerin zitiert den jüdischen Theologen Martin Buber: „Alles wirkliche Leben ist Begegnung", sagt Merkel. „Diese Formulierung zielt darauf, dass jeder Mensch ein Gegenüber benötigt. Das Ich braucht ein Du. Verständnis und Erkenntnis sind immer erst möglich durch ein Offensein füreinander, durch gemeinsame Suche nach Antworten. Das gilt für Wissenschaft und Politik gleichermaßen. Für beide sind Begegnung und Dialog der Schlüssel zu Erkenntnis und Fortschritt."

In dieser Rede im sachsen-anhaltinischen Halle bei den renommiertesten Wissenschaftlern des Landes schneidet sie noch ein anderes Thema an: Präimplantationsdiagnostik. Die Debatte darüber ist ein halbes Jahr her. Die Kanzlerin ermuntert die Wissenschaft, die Politik zu beraten. Das sei gerade angesichts des medizinisch-technischen Fortschritts wichtig. Doch sie selbst habe sich bei dieser umstrittenen Forschungsmethode anders entschieden, als die Leopoldina und andere empfohlen hätten. Der Bundestag hatte im Juli 2011 nach jahrelanger öffentlicher Debatte die Zulassung von vorgeburtlicher Embryonenselektion in engen Grenzen beschlossen. Kaum ein anderes Thema hatte die Kirchen im Jahr 2010 und 2011 ähnlich stark politisiert. Merkel hatte sich bereits zu Beginn der Auseinandersetzung klar positioniert. Sie könne einer solchen Methode nicht zustimmen, da sie die Sorge umtreibe, dass sich die Anwendung eben nicht auf wenige Fälle eingrenzen lasse.

Der CDU-Bundesparteitag Mitte November 2010 in Karlsruhe gilt vor allem wegen der ausufernden Debatte um die PID als außergewöhnlich. Merkel selbst hatte dafür gesorgt, dass die kontroverse Diskussion, an der sich unter anderem auch Bundestagspräsident Norbert Lammert und Bundesarbeitsministerin Ursula von der Leyen beteiligten, nicht schnell am Abend abgehandelt wurde. Entgegen der ersten Planung wurde das Thema am Vormittag des zweiten Veranstaltungstages in aller Ausgiebigkeit erörtert. Über drei Stunden stritten die Delegierten, Merkel meldete sich selbst nicht zu Wort. Das Votum des Parteitages fiel am Schluss denkbar knapp aus. 408 Delegierte sprachen sich gegen PID aus, 391 stimmten für eine Zulassung „in engen Grenzen für Paare mit schweren genetischen Vorbelastungen". Merkel konnte zufrieden sein. Zum einem entsprach das Ergebnis ihrer zuvor erklärten Meinung, zum anderen konnten Partei und Parteitag wieder als debattierfreudig und inhaltsstark dastehen. Anders als bei der Debatte um die embryonale Stammzellforschung Jahre zuvor hatte Merkel die CDU als Partei des Lebensschutzes positionieren können. Wenngleich sich eigentlich ein gespaltenes Bild ergeben hatte und zudem das Parteitagsvotum im Ergebnis an der Gesetzgebung nichts geändert hat. Es war ein Sieg für die Analen. Karlsruhe war die CDU-Versammlung, die dem Streicheln der konservativen Seele diente. Dazu gehörte auch Merkels Verdikt, schwarz-grüne Gedankenspiele seien „Hirngespinste". Auch das passte einigen nicht, den Saarländern und auch den Berlinern etwa, die eben solche Regierungsbündnisse anstrebten oder schon praktizierten. Doch der Mannheimer Ausspruch sollte vor allem Stefan Mappus in Baden-Württemberg dienen, was wiederum bekanntlich misslang.

Merkels Mission? Sie ließe sich auch schlicht beschreiben: 2013. Sie will die nächsten Bundestagswahlen gewinnen und zum dritten Mal zur Bundeskanzlerin gewählt werden. Einige meinen, am liebsten mit den Grünen, um als erste Regierungschefin in die Geschichte einzugehen, die drei verschiedenen Bündnissen vorgestanden hat. Andere sagen, die Große Koalition sei ihr schon immer das Liebste gewesen, der große Konsens, die vermeintlich vernünftige und richtige Lösung durchzusetzen, das sei ihre Welt. Doch außerdem gibt es noch Beobachter, die sagen, alles dies und generell eine Wiederwahl Merkels sei unrealistisch, das wisse auch die Kanzlerin. Deswegen werde sie versuchen, noch vor der Bundestagswahl einen eleganten Abgang zu probieren. Menschen in ihrer persönlichen Umgebung halten dies wiederum für ausgeschlossen. Ziemlich deutlich hatte sie selbst vor Hauptstadt-Journalisten erklärt, dass sie wieder antreten wolle. In typisch Merkel'scher Weise erklärte sie: „Mir macht die Arbeit Spaß und ich sehe nicht, dass sich daran kurzfristig etwas ändert."

„Ich zeige meinen Glauben sehr wohl“

Gespräch mit Bundeskanzlerin Angela Merkel

Anfang des Jahres (2009) haben Ihre Äußerungen in Richtung Vatikan bei manchen Christen für Irritationen gesorgt. Was entgegnen Sie den Kritikern?

Zu den Äußerungen von Williamson, der den Holocaust auf deutschem Boden relativiert hat, habe ich als deutsche Regierungschefin das gesagt, was aus meiner Sicht zu sagen war. Die persönliche Haltung des Papstes zum Holocaust steht und stand für mich zu jeder Zeit außer Zweifel. Ich glaube, dass in der Diskussion, die sich danach ergeben hat, auch deutlich geworden ist, dass mir die Empfindungen der katholischen Christen wichtig sind und ich selbstverständlich hohe Achtung vor der katholischen Kirche habe.

Und doch gibt es die Beobachtung eines Fremdelns zwischen Ihnen und dem katholisch-konservativen Teil der CDU-Basis und auch der CDU-Wählerschaft. Empfinden Sie dieses Fremdeln Ihnen gegenüber? Wie begegnen Sie denen, die ein anderes Weltbild haben als Sie?

Ich teile Ihre These überhaupt nicht. Es gibt in einer Volkspartei natürlich verschiedene Meinungen zu einzelnen Themen. Auch unter Katholiken gibt es ja nicht nur eine Meinung, sondern durchaus leidenschaftliche Debatten über wertegebundene Fragen. Die Tatsache, dass ich Protestantin bin, ist allenfalls für wenige ein Thema. Die große

Leistung von CDU und CSU nach dem Krieg, überkonfessionelle Parteien zu bilden, ist das starke einigende Band. Dazu kommt, dass in unserer säkularen Welt die Einigkeit unter uns Christen überwiegt. Insgesamt fühle ich mich von allen, von Katholiken und Protestanten in der CDU, sehr gut unterstützt. Wichtig ist mir das offene Gespräch. Zu mir kann jedes CDU-Mitglied kommen und über die Dinge, die ihn bewegen, auch über Glaubensfragen, sprechen.

In der Diskussion, wie der Glaube sich sozusagen in der Politik niederschlägt, gibt es den Satz, dass Glaube Privatsache sei. Inwieweit würden Sie das für sich sagen: Der Glaube ist Privatsache?

Natürlich ist der Glaube zuerst einmal sehr persönlich. Meine Sozialisation in der ehemaligen DDR war außerdem auch dadurch geprägt, dass der Glaube ausschließlich im Privaten gelebt werden konnte, weil der Staat eine durchweg atheistische Sichtweise propagiert hat. Es gab keinen staatlichen Religionsunterricht, und die Christenlehre fand außerhalb des Schulunterrichts statt. Das waren Versuche, das Religiöse immer weiter ins Private hineinzudrängen.

Wie ist es heute?

Auch heute ist der Glaube für mich in der Tat zunächst eine sehr persönliche Sache. Aber natürlich gibt es die Gemeinschaft in der Kirche, wo der Glaube dann auch zu einer gemeinsamen Lebenserfahrung wird. In Gottesdiensten mit der Auslegung des Glaubens durch den Pfarrer oder den Priester, durch das gemeinsame Beten und Singen wird der Glaube lebendig. Und dann beruht unser Gemeinwesen, der demokratische Rechtsstaat, auf Voraussetzungen, die er selbst nicht garantieren kann. Das sind die Werte, die auch das christliche Menschenbild lehrt.

Ich habe mich am Anfang schwer mit der Frage getan, wie weit ich meinen Glauben in die Politik mit hineinnehme, zum Beispiel auf Parteitagen der CDU. Ich habe da durchaus einen Prozess durchlebt. Heute finde ich es zum Beispiel sehr schön, dass vor jedem Parteitag ein Gottesdienst stattfindet, wo man sich noch einmal auf die gemeinsamen Überzeugungen und auf die eigene Fehlbarkeit besinnt. Aber was erwächst dann aus dem Glauben für die Politik? Die Würde eines jeden Menschen, seine Einzigartigkeit, die es zu schützen gilt. Der Respekt vor dem anderen, die Toleranz, auch der soziale Ausgleich. Und ich erlebe immer wieder: Gottvertrauen zu haben, erleichtert manche politische Entscheidung erheblich.

Gerade in Ostdeutschland, aber nicht nur da, ist die Entkirchlichung stark vorangeschritten. Sie ermuntern in verschiedenen Gesprächen Christen auch immer wieder zu mehr missionarischem Elan. Was bedeutet das für Sie? Ist es nicht nötig, seinen Glauben stärker zu zeigen?

Ich zeige meinen Glauben sehr wohl. Es ist in der Tat so, dass wir eine wachsende Säkularisierung beobachten. Viele Menschen empfinden Religion nicht mehr als etwas Selbstverständliches und zum Leben Dazugehörendes. Das liegt oft auch daran, dass etwa junge Menschen im Elternhaus und an den Schulen nicht mehr in Berührung kommen mit Religion. Eine Folge ist, dass auch die Inhalte der Bibel gar nicht bekannt sind. Der richtige Sinn von Feiertagen erschließt sich vielen gar nicht mehr. Wenn diese Basis des Wissens immer schmaler wird, ist es natürlich umso wichtiger, dass Christen, die ihren Glauben sehr alltäglich leben, auch darüber sprechen.

Was muss also passieren? Geht das überhaupt, das Christentum wiederzubeleben?

Christen sollten ruhig offen über den eigenen Glauben

sprechen. Wir können den Menschen, die z. B. von zu Hause nicht den Zugang dazu bekommen haben, die Beschäftigung mit dem Glauben leichter machen und ein offenes Ohr für sie haben. Ich finde es sehr wichtig, dass die Christen sich vergegenwärtigen, dass das, was für sie selbstverständlich ist, nicht mehr für jeden selbstverständlich ist.

Wie beobachten Sie denn die Lage in den neuen Bundesländern?

Sehr unterschiedlich. Mein Vater und andere Pfarrer erzählten mir von vielen Erwachsenentaufen, es kommen Menschen zu ihm, die kirchlich heiraten wollen, manchmal hat ein Ehepartner einen christlichen Hintergrund und der andere nicht. Es ist nicht so leicht, mit 20 oder 30 Jahren zu kommen und zu sagen, dass man das alles nicht gelernt habe, nie in einer Kirche gewesen sei und nicht wisse, wie das ist. Dann fangen diese Menschen an, einfache Fragen zu stellen, hier muss man Offenheit zeigen und suchenden Menschen die Scheu nehmen. Also: Es ist durchaus etwas in Bewegung.

Aber die Alltäglichkeit von Glaubensleben vermissen einige ja auch bei der Bundeskanzlerin.

Das kommt sicher daher, dass die meisten Menschen mich vornehmlich nur bei meiner politischen Arbeit wahrnehmen.

Zu den Glaubensinhalten gehört ja auch der fundamentale Satz, den Christen in jedem Gottesdienst aussprechen: Ich glaube an Gott, den Schöpfer der Welt. Wie bringen Sie diesen Satz mit Ihrem Weltbild als Physikerin zusammen?

In diesem Zusammenhang fällt mir folgende Begebenheit ein: Als Juri Gagarin in den Weltraum flog, berichtete er, dass er Gott nicht gesehen habe. Die gelenkte DDR-Presse bemerkte mit Häme, dass Gott im Himmel nicht zu finden sei. Das war ein wirklich lächerlicher Versuch, den christlichen Glauben zu widerlegen. Für mich sind etwa die Evolutionstheorie auf der Grundlage von Darwin und die Erkenntnisse der modernen Physik und mein Glaube an Gott sehr wohl vereinbar. Ich glaube nicht, dass die naturwissenschaftliche Forschung bis ins Kleinste hinein als Beweisführung für oder gegen die Existenz Gottes gedacht werden kann, sondern dass Gott über alldem ist. Ich finde in diesem Zusammenhang auch die Ausarbeitungen von Papst Benedikt zum Verhältnis von Naturwissenschaften und Glauben sehr spannend.

Sie haben ja auch über den Wert von Ritualen gesprochen. Erinnern Sie sich an ein religiöses Ritual Ihrer Kindheit, was Ihnen besonders wichtig war?

Das Tischgebet war mir als Kind besonders wichtig.

Erinnern Sie sich noch daran, was für ein Tischgebet das war? Musste das abwechselnd gesprochen werden?

Meistens haben es die Eltern gesprochen.

Haben Sie eigentlich Katholiken kennengelernt in ihrer Kindheit und Jugend in Templin?

Es gab in Templin die Besonderheit, dass es dort mehr Baptisten als Katholiken gab. Ich weiß noch, dass ich als Kind meinen Vater gefragt habe, ob die katholische Kirche überhaupt voll wird, so wie ich es von meiner kannte. Mein Vater hat mich beruhigt. Allerdings waren und sind in Brandenburg die Katholiken in der Minderheit.

20 Jahre friedliche Revolution werden in diesem Jahr gefeiert. Sie gehörten damals zur Gethsemanegemeinde, von der die Friedensgebete und die Demonstrationen ausgingen. Doch den politischen Gruppen fühlten Sie sich nicht nah. Was hat Sie gestört?

Ich war in der Tat in der Gethsemanekirche, 14-tägig besuchte ich einen Familien- und Diskussionskreis. Ich habe mich zu der Gemeinde auch hingezogen gefühlt. Die politischen Bewegungen in der Zionskirche oder der Samaritergemeinde waren mir dagegen wahrscheinlich im Rückblick betrachtet zu links.

War die Kirche zu stark politisiert?

Das ist ein ganz anderer Punkt. Kirche hatte in der DDR zusätzlich zu der Glaubensrolle noch eine ganz andere Rolle: Sie war ein Dach für den offenen Meinungsaustausch, auch über politische Fragen. In der Analyse der Verhältnisse in der DDR war ich mir damals mit den meisten einig, aber nicht über die Konsequenzen, was anstelle dessen passieren müsste. Ich erinnere mich zum Beispiel, wie ich am 11. November, zwei Tage nach dem Mauerfall, auf einem Geburtstag bei Freunden aus kirchlichen Kreisen war. Die meisten waren unglücklich über den Fall der Mauer und haben gleichzeitig gesagt, jetzt sei der dritte Weg vorbei, jetzt würden wir sozusagen vom Westen eingemeindet. Und ich gehörte zu den ganz wenigen in dieser Runde, die einfach ohne jede Einschränkung froh waren. Es gab damals viele, die sich so etwas wie einen dritten Weg erträumt haben. Ich will das gar nicht kritisieren, aber meine Haltung war es nicht. Ich bin dennoch immer wieder auch zu diesen politischen Veranstaltungen gegangen, um meine Solidarität mit den oppositionellen Gruppen zu bekunden.

Haben Sie damals dazu etwas gesagt?

Nicht so deutlich, ich war keine ausgewiesene Oppositionelle. Diejenigen, die den Protest in der DDR organisierten, waren erheblichen Gefährdungen ausgesetzt. Das waren Menschen, die sehr überzeugt waren. Vor ihnen habe ich größten Respekt.

Wie ist das mit dem Verhältnis von Kirche und Politik gewesen, als Sie im Westen ankamen?

Ich habe Anfang der 90er Jahre sehr dafür gekämpft, dass man auch als CDU-Mitglied mit seinen Überzeugungen ein Anrecht hat, in der evangelischen Kirche akzeptiert zu werden. Eine ganze Reihe von politischen Positionen der evangelischen Kirche waren kontrovers zu meinen eigenen. Das hat sich in den vergangenen Jahren sehr geändert. Ein Beispiel ist Bischof Hubers Eintreten für den Religionsunterricht in Brandenburg, aber auch in ethischen Fragen und Fragen der sozialen Marktwirtschaft haben wir eine Annäherung. Ich finde, hier hat sich in den letzten Jahren etwas getan. Und das ist aus meiner Sicht auch sehr erfreulich.

Und wie wichtig sind die Konfessionszugehörigkeiten umgekehrt in der Politik und in der Partei? Unter Helmut Kohl, so heißt es, mussten die Abteilungsleiter im Kanzleramt alle katholisch sein.

(lacht): Nach der Wende begegnete mir das zum ersten Mal, und zwar umgekehrt. Es war in Mecklenburg-Vorpommern bei einer Wahl für einen Landesvorstand. Da hat mein Nachbar zu mir gesagt, ich solle bitte nicht so viele Katholiken ankreuzen. Für mich spielte es bei der Wahl keine Rolle, welcher Kirche der zu Wählende angehört. Es hatten sich offenbar beim politischen Neuanfang im Osten eine große Zahl katholischer Christen engagiert und mein Nachbar hatte anscheinend Angst, wir wären von einer überproportionalen Vertretung von Katholiken bedroht. Natürlich wähle ich Abteilungsleiter nicht nach der Konfession aus. Und ob das unter Helmut Kohl so war, bezweifle ich auch.

Aber bei der Besetzung des Kabinetts …

Bei der Regierungsbildung ist es in den vergangenen Jahrzehnten gute Übung gewesen, auf einen gewissen Ausgleich der Konfessionen zu achten. Es gibt ja nicht umsonst einen evangelischen Arbeitskreis in der Union, weil es lange Zeit eine sehr starke Dominanz der Katholiken gab. Heute ist das Verhältnis ausgeglichener. Die Frage ist ja auch, ob so eine Zuordnung den Kern dessen trifft, was am Ende wirklich zählt. Volker Kauder zum Beispiel ist ein sehr gläubiger Christ, er ist Protestant, das erkennen die Menschen – ob evangelisch oder katholisch – an. Sein Glaube ist es, der auf alles ausstrahlt und uns Christen, evangelische wie katholische, verbindet.

Heute fühlen sich einige Katholiken in der Union schon als bedrohte Minderheit und wollen einen Arbeitskreis gründen.

Ich glaube wirklich nicht, dass sich Katholiken in der CDU ausgegrenzt fühlen. Das sollten wir uns auch gar nicht einreden. Mir macht die Säkularisierung der Gesellschaft insgesamt viel mehr Sorgen, ihrer müssen wir Christen, evangelische wie katholische, uns annehmen und die Gemeinsamkeiten in Zeiten wie diesen betonen.

(Das Interview mit Volker Resing fand im Sommer 2009 für die Verlagsgruppe Bistumspresse im Kanzleramt statt.)

Nachwort

Über Angela Merkel gibt es schon einige Literatur, obwohl sie den Gipfel ihrer bisherigen Karriere erst vor gut drei Jahren erklommen hat. Stärker als bei anderen Köpfen des politischen Betriebs hat der ungewöhnliche Lebensweg der Kanzlerin schon früh das Interesse der Öffentlichkeit geweckt und Autoren auf den Plan gerufen.

Die vier umfangreichen Biografien von Wolfgang Stock (Erstauflage 2000), Evelyn Roll (2001), Gerd Langguth (2005) und Jacqueline Boysen (2005) sowie die Darstellung von Hajo Schumacher (2006) dienen diesem Buch als Hintergrund. Eine wertvolle Quelle waren auch der Interviewband von Hugo Müller-Vogg (2004) sowie das ungewöhnliche Bild- und Gesprächsbuch von Herlinde Koelbl „Spuren der Macht" (1999).

Für das vorliegende Porträt, das bestimmte Aspekte ihres Lebens besonders herausgreift, habe ich einige Gespräche geführt mit Weggefährten, Freunden, politischen Gegnern sowie Mitstreitern und Mitarbeitern. In den meisten Fällen baten die Interviewten um Vertraulichkeit. Die Namen werden nicht veröffentlicht. Ich bedanke mich ganz herzlich bei den Gesprächspartnern für das offene Wort und die Zeit, die sie sich genommen haben, um der Persönlichkeit von Angela Merkel weiter nachzuspüren.

Bei der Entstehung des Buches haben mir zudem einige mit gutem Rat und Hilfe zur Seite gestanden. Bei all denen möchte ich mich ebenfalls herzlich bedanken. Bei der Entwicklung des Konzepts sowie bei der Recherche haben mich vor allem Martin Gehlen, Olaf Hoffjann, Hans-Christian Maaß und Georg Wichmann unterstützt. Die kritische Durchsicht des Manuskripts haben Egbert Resing und Christoph Strack übernommen. Ein ganz besonderer Dank gilt ihnen dafür.

Berlin, im Januar 2009 Volker Resing

Überarbeitete und ergänzte Neuausgabe
Das vorliegende Buch stützt sich auf die Veröffentlichung „Angela Merkel: Die Protestantin". Neu hinzugefügt wurden Kapitel und Passagen zu den aktuellen Entwicklungen und Diskussionen, einige Teile wurden überarbeitet. Außerdem beinhaltet diese neue Veröffentlichung ein Gespräch mit Bundeskanzlerin Angela Merkel. Die vorliegende Auflage ist eine aktualisierte Fassung der Neuausgabe von 2010. Allen, die zur Neuauflage beigetragen haben, insbesondere Renate Resing und Matthias Brink, einen herzlichen Dank.

Im September 2011 Volker Resing

Zeittafel

17. Juli 1954	Angela Dorothea Kasner wird in Hamburg als erstes Kind des Theologiestudenten Horst Kasner und der Lehrerin Herlind Kasner, geb. Jentzsch, geboren. Wenige Wochen nach der Geburt Umzug von Hamburg nach Quitzow (Perleberg) in die DDR.
1957	Umzug nach Templin. Vater Kasner übernimmt die Leitung des Seminars für kirchliche Dienste, später Pastoralkolleg, auf dem Waldhof bei Templin in der Uckermark.
1961	Einschulung von Angela Merkel an die Polytechnische Oberschule, die zunächst noch Goethe-Schule hieß, später nach Hermann Matern, einem SED-Funktionär und „Helden des Sozialismus“, benannt wurde.
1970	Konfirmation in der St.-Maria-Magdalenen-Kirche in Templin.
1973	Abitur an der Erweiterten Oberschule (EOS) mit Notendurchschnitt 1,0. Umzug nach Leipzig. Beginn des Physikstudiums an der dortigen Karl-Marx-Universität.
1977	Hochzeit mit ihrem ersten Mann, Ulrich Merkel. Kirchliche Trauung in Templin.
1978	Abgabe der Diplomarbeit, Ende des Studiums in Leipzig. Umzug nach Berlin. Sie arbeitet am Zentralinstitut für Physikalische Chemie (ZIPC) der Akademie der Wissenschaften in Berlin-Adlershof und beginnt ihre Promotion.
1982	Scheidung der kinderlos gebliebenen Ehe.
1986	Promotion zum Dr. rer. nat.
1989	Nach dem Mauerfall im Dezember Kontakt mit der neuen Partei „Demokratischer Aufbruch“. Zunächst hilft sie als EDV-Administratorin, später wird sie Pressesprecherin.
1990	Am 18. März erste freie Volkskammerwahl der DDR. Lothar de Maizière wird Ministerpräsident, Angela Merkel stellvertretende Regierungssprecherin. Am 2. Oktober tritt Angela Merkel in die CDU ein. 3. Oktober: Nach der Deut-

schen Einheit wird sie zunächst Mitarbeiterin im Bundespresseamt. 2. Dezember: Bei der ersten gesamtdeutschen Wahl erringt sie ein Direktmandat in ihrem Wahlkreis Rügen und zieht als Abgeordnete in den Bundestag ein.

1991 Am 18. Januar wird sie als Bundesministerin für Frauen und Jugend im Kabinett von Kanzler Helmut Kohl vereidigt. Im Dezember wird sie zur stellvertretenden Bundesvorsitzenden der CDU in Nachfolge von Lothar de Maizière gewählt.

1992 Im September wird sie zur Vorsitzenden des Evangelischen Arbeitskreises der CDU gewählt.

1993 Im Juni Wahl zur CDU-Landesvorsitzenden von Mecklenburg-Vorpommern.

1994 Bei der Bundestagswahl am 16. Oktober 1994 wird sie erneut als Direktkandidatin in den Bundestag gewählt. 17. November: Vereidigung als Bundesministerin für Umwelt, Naturschutz und Reaktorsicherheit.

1995 28. März bis 7. April: Umweltministerin Merkel leitet den UN-Klimagipfel in Berlin.

1998 Am 27. September gewinnen SPD und Grüne die Bundestagswahl. Merkel verteidigt ihr Bundestagsmandat, verliert aber das Ministeramt. Am 7. November wird sie zur neuen CDU-Generalsekretärin gewählt. Neuer CDU-Vorsitzender ist nach Kohl nun Wolfgang Schäuble. Am 30. Dezember heiratet Angela Merkel ihren langjährigen Partner, den Chemieprofessor Dr. Joachim Sauer. Es findet keine kirchliche Trauung statt.

1999 In einem Beitrag für die FAZ am 22. Dezember bricht die CDU-Generalsekretärin mit dem Ehrenvorsitzenden Helmut Kohl. Angesichts der Spendenaffäre müsse die Partei jetzt ihre Zukunft ohne ihn gestalten.

2000 Am 16. Februar tritt Wolfgang Schäuble als CDU-Vorsitzender zurück. In den kommenden Wochen entwickelt sich Angela Merkel zur Favoritin für die Nachfolge. Am 10. April wählt der Bundesparteitag in Essen Angela Merkel zur CDU-Parteivorsitzenden.

2002 Verzicht auf die Kanzlerkandidatur, Edmund Stoiber wird Spitzenkandidat für die Bundestagswahl. Bei der Bundestagswahl am 23. September kann Bundeskanzler Schröder seine Mehrheit knapp verteidigen. Stoiber verliert. Angela Merkel übernimmt den Unions-Fraktionsvorsitz von Friedrich Merz.

2003 22. März: Unter Führung der USA beginnen die Koalitionstruppen ihre Irakinvasion, in deren Folge der Diktator Saddam Hussein gestürzt wird. Am 27. Mai trifft Merkel Johannes Paul II. im Vatikan zu einem 15-minütigen Gespräch. Beim Leipziger Parteitag im Dezember beschließt die Union die von Merkel geforderten umfassenden Reformpläne für die Bereiche der Sozial-, Wirtschafts- und Gesundheitspolitik.

2004 Am 23. Mai wird Horst Köhler zum neuen Bundespräsidenten gewählt. Merkel setzt ihn gegen Widerstände in den eigenen Reihen durch.

2005 Am 30. Mai wird Merkel vom Parteipräsidium zur Kanzlerkandidatin für die vorgezogenen Bundestagswahlen nominiert. Bei der Bundestagswahl am 18. Dezember schneidet die Union überraschend schlecht ab. Die angestrebte CDU-FDP-Regierung kann nicht gebildet werden. Angela Merkel kann sich in den Tagen danach dennoch durchsetzen und bleibt Fraktionsvorsitzende. Am 22. November wählt der Bundestag Angela Merkel nach zähen Koalitionsverhandlungen zur ersten Kanzlerin der Bundesrepublik Deutschland. Sie steht einer großen Koalition vor, der acht SPD-Minister und sieben Unionsminister angehören.

2006 Bereits nach wenigen Wochen im Amt steigt Angela Merkel die Beliebtheitsskala nach oben. Teilweise liegen ihre Werte bei Umfragen über denen von Kohl zu dessen besten Zeiten. Fußball-Sommermärchen in Deutschland: Merkel gibt sich volkstümlich auf der Tribüne und feiert die Siege der deutschen Mannschaft mit. Beim Parteitag im Dezember in Dresden stößt Merkels Modernisierungskurs auf Widerspruch. Dazu gehören die Themen Elterngeld, Stammzellforschung und auch die Frage von Hartz IV für ältere Arbeitnehmer.

2007 Angela Merkel hat für ein halbes Jahr den Vorsitz im Europäischen Rat inne. Gleichzeitig übt sie für ein Jahr den Vorsitz in der Gruppe der acht stärksten Wirtschaftsnationen (G8) aus. 6. bis 8. Juni: Gipfel der G8 in Heiligendamm. 21. bis 22. Juni: Europäischer Rat in Brüssel. Merkel erreicht eine Einigung im Prozess des EU-Verfassungsvertrags. 23. September: Die Bundeskanzlerin empfängt den Dalai Lama im Bundeskanzleramt.

2008 11. April: Der Bundestag beschließt eine Änderung des Stammzellgesetzes, mit der die Forschung an embryonalen Stammzellen in Deutschland ausgeweitet wird. Am 8. Oktober gibt Angela Merkel im Zuge der Finanzkrise eine Garantieerklärung für alle deutschen Spareinlagen ab.

2009 Die Bundestagswahl am 27. September beschert der gewünschten christlich-liberalen Koalition eine Mehrheit, obwohl CDU/CSU das schlechteste Ergebnis ihrer Geschichte einfahren. Am 28. Oktober wird Angela Merkel erneut im Bundestag zur Bundeskanzlerin gewählt.

2010 Nach dem Rücktritt von Bundespräsident Horst Köhler wählt die Bundesversammlung am 30. Juni Christian Wulff zum neuen Staatsoberhaupt. Merkel hatte CDU/CSU und FDP den niedersächsischen Ministerpräsidenten als gemeinsamen Kandidaten vorgeschlagen.

Im November wurde Angela Merkel als Parteivorsitzende auf dem CDU-Parteitag in Karlsruhe wiedergewählt. Sie ist jetzt zehn Jahre an der Spitze der CDU.

2011 4. Juni: Beim 33. Evangelischen Kirchentag in Dresden spricht Angela Merkel zum Thema „Auf dem Weg zu einer neuen Weltordnung?“

7. Juni: Barack Obama verleiht Angela Merkel während eines Staatsbanketts im Rosengarten des Weißen Hauses die US-Freiheitsmedaille, die höchste zivile Ehrung der USA.

2. September: Angela Merkels Vater Horst Kasner stirbt im Alter von 85 Jahren. Für den darauffolgenden Tag sagt Angela Merkel alle Termine ab.

22. September: Beim Deutschlandbesuch von Benedikt XVI. treffen sich Papst und Kanzlerin zu einer offiziellen Begegnung und bei den Gottesdiensten in Berlin und Erfurt.

Ausgewählte Literatur

Boysen, Jacqueline: Angela Merkel. Eine Karriere. Berlin 2005.

Ernst-Bertram, Bettina und Planer-Friedrich, Jens: Pfarrerskinder in der DDR. Außenseiter zwischen Benachteiligung und Privilegierung. Hg. v. Bürgerbüro e. V. Berlin 2008.

Koelbl, Herlinde: Spuren der Macht. Die Verwandlung des Menschen durch die Macht. Eine Langzeitstudie. München 1999.

Kurbjuweit, Dirk: Angela Merkel. Die Kanzlerin für alle? München 2009.

Langguth, Gerd: Angela Merkel. Aufstieg zur Macht. München 2007.

Lau, Mariam: Die letzte Volkspartei. Angela Merkel und die Modernisierung der CDU. München 2009.

Leinemann, Jürgen: Höhenrausch. Die wirklichkeitsleere Welt der Politiker. München 2004.

Lohmann, Martin: Das Kreuz mit dem C. Wie christlich ist die Union? Kevelar 2009.

Merkel, Angela: Mein Weg. Angela Merkel im Gespräch mit Hugo Müller-Vogg. Hamburg 2004.

Neubert, Ehrhart: Unsere Revolution. Die Geschichte der Jahre 1989/90. München 2008.

Mishra, Robin: Angela Merkel – Machtworte. Die Standpunkte der Kanzlerin. Freiburg 2010.

Ockenfels, Wolfgang: Das hohe C. Wohin steuert die CDU? Augsburg 2009.

Roll, Evelyn: Die Erste. Angela Merkels Weg zur Macht. Reinbeck 2005.

Schumacher, Hajo: Die zwölf Gesetzte der Macht. Angela Merkels Erfolgsgeheimnisse. München 2006.

Anmerkungen

1 Merkel, Angela, u. a. : In unruhiger Zeit. Reden und Aufsätze aus drei Jahren deutscher Einheit. Berlin 1994, S. 111.

2 Merkel, Angela: Mein Weg. Angela Merkel im Gespräch mit Hugo Müller-Vogg. Hamburg 2004, S. 33. Künftig zitiert: Merkel.

3 Merkel, S. 30.

4 Ebd.

5 Lau, Mariam: Die letzte Volkspartei. Angela Merkel und die Modernisierung der CDU. München 2009, S. 168.

6 Merkel, S. 29.

7 Vgl. Herder Korrespondenz 9/2008, S. 447–451.
8 Vgl. Zolleis, Udo: Die CDU. Das politische Leitbild im Wandel der Zeit. Wiesbaden 2008.
9 Vgl. Mishra, Robin: Angela Merkel – Machtworte. Die Standpunkte der Kanzlerin. Freiburg 2010, S. 93.
10 Vgl. zur Ideengeschichte der Christdemokratie: Müller, Jan-Werner: Am Ende einer Erfolgsgeschichte. Über die europäische Christdemokratie. Merkur 720 (Mai 2009) S. 441–446.
11 Ebd.
12 Langguth, Gerd: Angela Merkel. Aufstieg zur Macht. München 2007, S. 412. Künftig zitiert: Langguth.
13 Vgl. „Frankfurter Allgemeine Zeitung" vom 9. 7. 2008.
14 Koelbl, S. 49.
15 Ebd.
16 Ebd.
17 Zitiert nach: Merkel, Angela: Evangelische Verantwortung gestern und heute – zum Gedenken an Hermann Ehlers. In: Thomas Rachel (Hg.): Hermann Ehlers. Evangelische Verantwortung gestern und heute. Berlin 2005, S. 28.
18 Merkel, S. 30.
19 Langguth, Gerd: Angela Merkel. Aufstieg zur Macht. München 2005, S. 333. Künftig zitiert: Langguth Interview.
20 Vgl. Bassewitz, Sebastian Graf von (Hg.): Angela Merkel. Das Porträt. München 2009, S. 17.
21 Aus: Merkel, Angela: Vorbilder meines Glaubens. In: Deutscher Evangelischer Kirchentag Hamburg 1995. Dokumente. Gütersloh 1995, S. 769–776.
22 Ebd.
23 Zitiert nach Koelbl, Herlinde: Spuren der Macht. Die Verwandlung des Menschen durch die Macht. Eine Langzeitstudie. München 1999, S. 48. Künftig zitiert: Koelbl.
24 Zitiert nach Koelbl, S. 48.
25 Zitiert nach: Roll, Evelyn: Die Erste. Angela Merkels Weg zur Macht. Reinbeck 2005, S. 17. Künftig zitiert: Roll.
26 Zitiert nach: Roll, S. 16.
27 Merkel, S. 39.
28 Vgl. Merkel, S. 29.
29 Ebd.
30 Im Gespräch mit dem Autor am 16. Oktober 2008.
31 Boysen, Jacqueline: Angela Merkel. Eine Karriere. Berlin 2005, S. 17.
32 Im Gespräch mit dem Autor am 9. Oktober 2008.
33 Im Gespräch mit dem Autor am 20. November 2008.
34 Zitiert nach: Roll, S. 18.
35 Vgl. Langguth, S. 38–39.
36 Merkel, S. 45.

37 Merkel, S. 37.
38 Merkel, S. 29.
39 Zitiert nach: Sonntagsblatt – Evangelische Wochenzeitung für Bayern, Nr. 36 aus 2003.
40 Interview mit Brigitte Huber und Andreas Lebert. In: Brigitte 18/2005 vom 17. 8. 2005.
41 Langguth Interview, S. 329.
42 Merkel, S. 47.
43 Zitiert nach: Sonntagsblatt – Evangelische Wochenzeitung für Bayern, Nr. 36 aus 2003.
44 Im Gespräch mit dem Autor am 22. November 2008.
45 Zitiert nach: Bassewitz, Sebastian Graf von (Hg.): Angela Merkel. Das Porträt. München 2009, S. 15.
46 Vgl. Langguth, S. 57–58.
47 Merkel, S. 62.
48 Zitiert nach: Osang, Alexander: Der Ostdeutsche in Bernstein. Der Spiegel, 30.03.2009, Nr. 14, Seite 44.
49 Merkel, S. 63.
50 Merkel, S. 33.
51 Im Gespräch mit dem Autor.
52 Langguth Interview, S. 338–339.
53 Zitiert nach Roll, S. 95.
54 Vgl. Merkel, S. 70–71.
55 Merkel, S. 72.
56 Vgl. Langguth, S. 127.
57 Merkel, S. 78.
58 Vgl. Osang, Alexander: Die Schläferin. Der Spiegel, 46/2009.
59 Merkel, Angela, u. a. (Hg.): In unruhiger Zeit. Reden und Aufsätze aus drei Jahren deutscher Einheit. Düsseldorf–Bonn 1994, S. 109.
60 Ebd.
61 Merkel, Angela: Evangelische Verantwortung gestern und heute – zum Gedenken an Hermann Ehlers. In: Rachel, Thomas (Hg.): Hermann Ehlers. Evangelische Verantwortung gestern und heute. Berlin 2005, S. 21.
62 Koelbl, S. 51.
63 Vgl. Merkel, Angela: Über Markus 5,21–43, Bibelarbeit. In: Deutscher Evangelischer Kirchentag, Frankfurt am Main 2001. Dokumente, S. 213–220, Gütersloh 2001.

Fotos:

S. 1–11, 14–16:
Laurence Chaperon
Photographie
www.chaperon.de

S. 12/13:
© picture alliance/dpa/Wolfgang Radtke

Bibliografische Information der Deutschen Nationalbibliothek
Die Deutsche Nationalbibliothek verzeichnet diese Publikation in der Deutschen Nationalbibliografie;
detaillierte bibliografische Daten sind im Internet über
http://dnb.d-nb.de abrufbar.

Besuchen Sie uns im Internet:
www.st-benno.de

ISBN 978-3-7462-3160-0

Stammerstr. 11, 04159 Leipzig
Umschlaggestaltung: Ulrike Vetter, Leipzig
Umschlagabbildung: © picture-alliance/dpa
Gesamtherstellung: Kontext, Lemsel (B)